GULLIVER
JEUNESSE

Sous le soleil de Port-au-Prince

Du même auteur chez Québec Amérique

Jeunesse

Le Solo d'André, coll. Titan, Montréal, 2002.
Aux portes de l'Orientie, coll. Gulliver, Montréal, 2005.

Adulte

Fou-Bar, coll. Littérature d'Amérique, Montréal, 1997.
Le Dernier Lit, coll. Littérature d'Amérique, Montréal, 1998.
Le Fils perdu, coll. Littérature d'Amérique, Montréal, 1999.
Le Joueur de quilles, Littérature d'Amérique, Montréal, 2004.
La Cadillac blanche de Bernard Pivot, coll. « Mains Libres », Montréal, 2006.

Sous le soleil de Port-au-Prince

ALAIN BEAULIEU
ILLUSTRATIONS : CARL PELLETIER

QUÉBEC AMÉRIQUE jeunesse

Catalogage avant publication de Bibliothèque et Archives Canada

Beaulieu, Alain
Sous le soleil de Port-au-Prince
(Gulliver; 163)
ISBN 978-2-7644-0551-2
I. Titre. II. Collection: Gulliver jeunesse; 163.
PS8553.E221S68 2007 jC843'.54 C2006-942200-1
PS9553.E221S68 2007

L'auteur tient à remercier le Conseil des arts et des lettres du Québec pour son soutien à la rédaction de ce roman.

Conseil des Arts du Canada Canada Council for the Arts

SODEC Québec

Nous reconnaissons l'aide financière du gouvernement du Canada par l'entremise du Programme d'aide au développement de l'industrie de l'édition (PADIÉ) pour nos activités d'édition.

Gouvernement du Québec – Programme de crédit d'impôt pour l'édition de livres – Gestion SODEC.

Les Éditions Québec Amérique bénéficient du programme de subvention globale du Conseil des Arts du Canada. Elles tiennent également à remercier la SODEC pour son appui financier.

Québec Amérique
329, rue de la Commune Ouest, 3e étage
Montréal (Québec) H2Y 2E1
Téléphone: 514-499-3000, télécopieur: 514-499-3010

Dépôt légal: 1er trimestre 2007
Bibliothèque nationale du Québec
Bibliothèque nationale du Canada

Révision linguistique: Diane Martin
Mise en pages: Andréa Joseph [PageXpress]

www.quebec-amerique.com

Imprimé au Canada

pour Évelyne, ma perle des Antilles

pour Chantale et Gabriel, qui habitent
chacune de mes pensées

---

je dédie aussi cette histoire à
Marilou, Francis, Doris et Jean

et aux timouns de Port-au-Prince
qui n'ont pas eu la jeunesse à laquelle
ils avaient droit…

Chapitre I

Les crêpes de Jean Jolicœur

Accroupi dans un coin de ce qui était encore sa chambre jusqu'à ce matin, Jonas réfléchit à ce qu'il fera de toutes les pièces de modèles réduits qu'il a empilées dans l'immense boîte de carton posée devant lui… Il sait qu'il ne les réutilisera jamais, mais il ne réussit pas à se convaincre de s'en débarrasser. Il y a là pêle-mêle des queues d'avions, des roues de voitures, des réservoirs de navettes spatiales, des mâts de bateaux et toute une panoplie de tiges de plastique de couleurs et de longueurs différentes.

Jonas n'a rien fabriqué depuis son retour d'Orientie, il y a un an. Il a d'abord mis l'été à se remettre de ses émotions, puis septembre lui est tombé dessus comme un orage. Un orage de devoirs et de leçons. Bienvenue au secondaire ! Et c'est encore pire depuis que Monsieur Sarchi a décidé de leur donner un devoir de math tous les jours. « Pour remplacer l'air qu'il y a dans vos petites têtes ! » qu'il a dit, Monsieur Sarchi, sans que les élèves comprennent s'il s'agissait d'une blague ou d'une insulte.

Pour souligner cette entrée au secondaire, les jumeaux ont décidé qu'il était temps de faire chambre à part. Jean a donc transformé la salle de jeu du sous-sol pour que Jonas puisse s'y installer. Aujourd'hui, c'est le jour du grand déménagement. Les vêtements de Jonas ont été descendus dans ses nouveaux quartiers, comme la plupart de ses jeux de société et sa commode de bois verni.

Assise derrière lui à même le plancher, Jade fait le tri de leurs livres.

— Les Jules Verne, tu les veux ?

Toujours pensif devant ses bouts de plastique, Jonas n'a pas entendu la question.

— Jonas, je te parle !

Il sort de sa torpeur, se tourne vers sa sœur et soupire d'impatience.

— Tu gardes ceux que tu veux, je m'en fiche ! dit-il, un brin déprimé.

Jade hausse les épaules et replace les Jules Verne dans la bibliothèque.

— Qu'est-ce qui se passe, Jonas ? Tu fais la moue depuis que tu es réveillé. Tu étais pourtant d'accord pour changer de chambre, non ?

— C'est pas ça...

— C'est quoi alors ?

Jonas se laisse tomber sur le lit de sa sœur. Jade voit bien qu'il a les yeux vitreux et qu'il se retient pour ne pas pleurer.

— C'est maman... j'ai hâte qu'elle revienne.

Jade s'approche, un livre à la main, puis s'assoit près de lui. Leur mère est partie en Haïti rejoindre la petite Juliette qui l'attend depuis dix mois dans une crèche de Pétionville. La famille Jolicœur aurait bien aimé pouvoir l'accueillir plus tôt, mais l'adoption internationale, c'est souvent très compliqué. Il y a une foule de documents à remplir, de permis à obtenir, de rencontres à prévoir pour garantir à la petite qu'elle sera reçue par une bonne famille.

Jade a très hâte de lui voir la binette. Sur la photographie qu'on leur a remise quand ils ont accepté officiellement la proposition d'adoption, Juliette n'avait que cinq mois et, déjà, elle était à croquer. Jonas, lui, semble moins excité par l'aventure. Une nouvelle sœur, ce sera bien, mais elle sera si petite...

— Papa aurait dû y aller avec maman, ajoute-t-il. Trois jours, c'est long. J'ai peur qu'il lui arrive quelque chose.

— Ils nous ont tout expliqué ça, Jonas. On n'avait pas assez d'argent pour payer deux billets d'avion. Et comme maman est allée en Haïti trois années de suite quand elle était jeune...

— Ses années d'aide internationale, je sais...

— ... et qu'elle connaît bien le pays, c'est normal que ce soit elle qui soit allée chercher notre petite sœur.

Jonas se redresse dans le lit et frotte ses yeux rougis avec la pointe de ses index repliés.

— Normal, normal… Ça me stresse de la savoir là-bas toute seule, moi.

Jade sourit pour le rassurer avant de brandir le livre qu'elle tient entre les mains.

— Au pire, on appellera Jack ! dit-elle avec un enthousiasme exagéré.

Jonas prend *Les phénoménales aventures de l'Incroyable Jack Poissant* et tourne les pages jusqu'au chapitre qui raconte leur voyage en Orientie. Il reste bien des pages blanches à la fin de la bande dessinée, ce qui veut dire que Jack n'a pas fini de faire des siennes, et Jonas trouve cela plutôt inquiétant.

— La vieille encyclopédie illustrée de maman, je peux la garder avec moi ? demande Jade.

Jonas hausse les épaules, retourne vers la boîte remplie de bouts de plastique et grogne en la soulevant.

— Tu gardes ce que tu veux, dit-il. De toute manière, je saurai bien où te trouver si j'ai besoin de quelque chose, ajoute-t-il avant de sortir de la chambre pour aller déposer son fardeau près du bac de récupération.

▲ ▼ ▲

Leur père les invite à la cuisine par un tonitruant : « C'est prêt ! » Quand ils se retrouvent tous les trois pour le petit déjeuner, l'absence de Julie se fait sentir encore davantage. L'ambiance est lourde. Jean semble très préoccupé par la pâte à crêpes qu'il fouette en tournant le dos aux jumeaux. Depuis le départ de leur mère, c'est leur père qui fait tous les repas, et ils découvrent qu'il est meilleur pour les soupers que pour les petits déjeuners, car ses crêpes sont en train de brûler.

— Qu'est-ce qui se passe, ce matin ? demande-t-il. Vous avez des têtes de croque-morts en service. Vous aimez pas l'odeur de mes crêpes ? lance-t-il pour se moquer de lui-même et leur arracher un sourire au passage. À moins que ce soit le changement de chambre de Jonas qui vous fasse cet effet-là…

— Ç'a rien à voir ! siffle aussitôt Jonas.

Jade veut parler, mais son frère lui file un coup de pied sous la table.

— Votre supplice achève, ajoute Jean. J'ai reçu un coup de téléphone de votre mère hier soir et elle a devancé son arrivée. Nous avons rendez-vous à l'aéroport cet après-midi.

Jade sourit à Jonas, qui souffle comme si on venait de lui retirer une écharde. Il retrouve du coup l'appétit, prêt à engloutir toutes les crêpes brûlées que son père déposera devant lui. Jade, elle, se réjouit à la pensée qu'elle pourra bientôt bercer sa sœur, lui donner à manger, lui faire prendre son bain et la border dans le petit lit qu'ils ont monté dans ce qui était jusque-là la chambre d'amis, repeinte et redécorée pour l'accueillir.

Quand elle se lève de table et s'engage dans l'escalier, Jean la réquisitionne aussitôt pour laver la vaisselle.

— Maman a dit que c'était congé de vaisselle pour les filles jusqu'à son retour, dit-elle avec aplomb. Comme elle n'est pas encore revenue, je vous laisse vous occuper de ça, ajoute-t-elle avant de disparaître.

Même s'ils ne se souviennent pas que Julie ait jamais dit ça, Jean et Jonas choisissent d'en rire. C'est qu'ils ne se doutent pas de ce qui les attend…

Chapitre 2

Le vol 313

Déjà en arrivant dans le stationnement de l'aéroport, les jumeaux comprennent que leur père est très nerveux puisqu'ils entrent par une voie de sortie et se retrouvent nez à nez avec une file de voitures qui se mettent à klaxonner. Ils doivent rebrousser chemin à reculons avant de s'engager finalement dans la bonne direction.

Après avoir garé la voiture, ils empruntent la voie piétonnière et pénètrent dans la section de l'aérogare réservée à l'arrivée des passagers. Un escalier mécanique les mène à l'étage, où une immense baie vitrée leur permet de voir les voyageurs se mettre en ligne devant les douaniers.

Le vol 313 en provenance d'Haïti doit atterrir dans une heure. Aussi le père des jumeaux leur offre-t-il d'aller manger une bouchée à la cantine. Trop excités pour avoir faim, Jade et Jonas préfèrent rester le nez collé à la vitre afin de ne pas manquer le moment où Juliette et Julie apparaîtront de derrière la porte coulissante du quai d'arrivée.

Peu à peu, d'autres visiteurs s'installent autour d'eux. La plupart ont la peau noire, et les jumeaux se disent qu'ils attendent certainement, eux aussi, quelqu'un qui leur est cher. Parce qu'elle a passé des heures à la bibliothèque de l'école à éplucher les livres qui parlent d'Haïti, Jade connaît presque par cœur tout ce qui concerne le pays d'origine de sa nouvelle petite sœur.

— Tu sais qu'Haïti, ç'a d'abord été une colonie espagnole ? dit-elle à Jonas.

Son frère ne l'écoute que d'une oreille, trop anxieux pour se concentrer sur quoi que ce soit.

— Puis les Français se sont installés dans l'île. Ses habitants sont pour la plupart des descendants d'esclaves venus d'Afrique. Ils parlent le créole, une langue qui ressemble vaguement au français.

Jonas enchaîne les « hum hum » pour faire comprendre à sa sœur qu'il n'est pas intéressé.

— En 1804, poursuit-elle, Haïti est devenue la première république noire libre de la planète. Longtemps dirigé par des dictateurs, c'est-à-dire quelqu'un qui contrôle tout et impose sa loi par la violence, le pays n'a jamais réussi à sortir de la pauvreté. Et l'instabilité politique des dernières décennies ne lui a pas permis d'offrir la sécurité à ses citoyens...

Jonas n'a pas développé la même curiosité pour le pays natal de sa petite sœur. Il ne s'est pas opposé au projet d'adoption de ses parents, mais il n'a pas très bien compris pourquoi ils ont choisi cette manière d'avoir un enfant plutôt que d'en faire un eux-mêmes. Il lui semble que cela aurait été plus simple, et surtout moins dangereux.

En bas, un groupe de touristes asiatiques envahit la pièce. Ils descendent probablement d'un avion chinois ou japonais, se dit Jonas. Déjà plusieurs d'entre eux tendent leur appareil photo vers l'immense drapeau du Canada qu'on a suspendu au-dessus des douaniers.

— C'est bien, les aéroports, dit Jade. C'est comme si on voyageait, mais en restant ici.

Jonas sourit et s'imagine un instant dans une maison chinoise, assis par terre pour manger son bol de riz. C'est dommage que ces touristes ne portent pas de chapeaux pointus, comme dans les films de kung-fu. Ce serait plus joli que leurs casquettes fluorescentes. En échange, on mettrait des chapeaux en peau de castor pour rigoler…

Les visiteurs asiatiques traversent la salle avec excitation et s'installent devant les guichets des douaniers.

— Qu'est-ce qu'ils ont tous à la main ? demande Jade à son père.

— Leur passeport, chérie. Tu sais, je t'ai déjà montré le mien.

— Le carnet plein d'estampilles ? demande Jonas.

— Oui. Chaque fois que tu entres dans un pays, on tamponne ton passeport. C'est un outil très important quand tu voyages.

Ça permet aux douaniers de t'identifier et de savoir d'où tu viens. C'est le seul document qui garantit que tu es bien la personne que tu prétends être.

— J'en veux un ! dit Jade avec excitation.

— Un jour... répond vaguement son père. Bientôt peut-être, ajoute-t-il. Nous avons des projets de voyage en famille, ta mère et moi, pour quand Juliette sera un peu plus vieille.

Du coup, Jade se met à rêver des pays qu'elle aimerait visiter, la France et l'Italie, la Chine, oui. Retourner en Orientie aussi, où ils ont vécu tant d'aventures, et peut-être revoir Brama... Jonas, lui, retient surtout que la venue de sa petite sœur retardera leurs projets de voyages, et que passeront encore bien des années avant qu'ils puissent s'offrir du bon temps.

Pendant que leurs esprits divaguent, les touristes japonais s'évaporent sous leurs yeux et la salle des arrivées redevient vide. Jade jette un coup d'œil à l'écran tout près. L'avion de leur mère doit atterrir dans quelques minutes. Si ça se trouve, il est en train de tourner au-dessus de l'aéroport en attendant que les techniciens de la tour de contrôle lui permettent de se poser.

Comme Jean, Jonas ne tient pas en place. Ils marchent tous les deux le long de la baie vitrée, derrière Jade qui ne quitte plus la porte des yeux. Après un moment, les premiers passagers du vol 313 arrivent. Jonas et son père se précipitent près de Jade. Ils repèrent aussitôt quelques voyageurs blancs parmi la masse, mais Julie n'est pas encore là. Pourtant, avec la petite dans les bras, elle aurait dû descendre en premier... La porte se referme puis s'ouvre aussitôt sur un couple de vieillards que deux femmes près de Jonas saluent avec enthousiasme. Les passagers se présentent par petits groupes de deux ou trois, ce qui déclenche chaque fois l'excitation de certains visiteurs. Les jumeaux ont hâte que ce soit à eux de s'énerver, de sauter sur place et d'envoyer la main à leur mère. Mais quand les portes s'ouvrent, ce n'est jamais sur elle. Et plus le temps avance, plus les cris de joie des autres accentuent l'angoisse des jumeaux.

—Je l'avais dit, lance Jonas, au bord de la crise de nerfs.

— Calme-toi, veux-tu. Ils sont pas tous descendus...

Les portes coulissent encore deux ou trois fois puis se referment pour de bon. Tous les passagers du vol 313 sont rassemblés devant les douaniers, mais Julie et Juliette ne sont toujours pas là. Les jumeaux et leur père fixent les portes qui demeurent atrocement fermées.

— Qu'est-ce qui se passe ? s'inquiète Jade. Où elles sont ?

— Je l'avais dit qu'il fallait pas la laisser aller là-bas toute seule ! pleure Jonas.

— Attendez-moi ici ! ordonne Jean. Je descends m'informer. Surtout, vous ne bougez pas ! Il faut qu'elle vous voie si elle finit par se présenter.

Il court jusqu'à l'escalier roulant et disparaît. Les jumeaux demeurent immobiles, les yeux rivés sur la porte du quai de débarquement. À travers une ouverture, ils aperçoivent leur père qui discute avec un agent de sécurité. Celui-ci actionne son interphone et attend une réponse qui tarde à venir. Soudainement, leur père lève les bras. Il semble très fâché. Le gardien de sécurité tente de le calmer. Deux de ses confrères arrivent en renfort. Jean baisse les bras, réfléchit un moment puis disparaît.

— Maman est pas là ! balbutie Jonas plusieurs fois.

— Oui, elle est là, objecte Jade. Elle est en retard, c'est tout.

Leur père revient vers eux, visiblement angoissé.

— Alors ? demande Jonas.

Jean n'arrive pas à cacher sa nervosité.

— Venez ! dit-il. On s'en va !

— On s'en va ? s'étonne Jade.

— Et maman ? Où est maman ? lance Jonas, paniqué.

Chapitre 3

Je pars !

Assis dans le salon, les jumeaux fixent la télévision qui passe d'une chaîne à l'autre depuis plus d'une heure maintenant. La télécommande à la main, Jade ne trouve rien qui puisse les distraire de leur inquiétude. Dès leur retour à la maison, leur père s'est enfermé dans son bureau pour téléphoner un peu partout, à la recherche de Julie et de Juliette. À l'aéroport, on lui avait expliqué que Julie ne s'était pas présentée pour l'embarquement à Port-au-Prince et que l'avion avait dû partir sans elle. Après plusieurs tentatives, Jean a finalement réussi à joindre quelqu'un à l'ambassade du Canada en Haïti, mais cet homme n'avait rien à lui dire. Il a pris en note le nom de Julie et a promis d'envoyer un émissaire d'abord à l'hôtel où elle devait descendre, puis à la crèche pour voir si la petite était encore là.

Ils attendent tous les trois des nouvelles de cet envoyé de l'ambassade quand Jeannette, la mère de Jean, sonne à la porte.

— Grand-maman ! s'exclame Jade en la serrant contre elle.

Jonas suit derrière, plus réservé. Jeannette s'approche et lui glisse un baiser sur le front.

— Ça va, mon grand ?

— Ça va, répond Jonas en baissant les yeux. Mais ça ira mieux quand on aura des nouvelles de maman.

— Votre père est là ?

— Dans son bureau, précise Jade au moment où Jean apparaît.

— Merci d'être venue si vite, dit-il en lui faisant la bise.

— C'est normal. Pas de nouveau ?

— Non, rien, marmotte-t-il, visiblement nerveux.

— Ça viendra, ça viendra, dit Jeannette dans un sourire. Il ne faut pas désespérer. J'ai laissé ma valise sur le pas de la porte...

Jean veut parler, mais les mots restent accrochés au fond de sa gorge. Il choisit plutôt d'aller chercher la valise de Jeannette, qui s'installe au salon avec les jumeaux pendant que Jean se renferme dans le bureau.

— On m'a dit que tu as installé ta nouvelle chambre au sous-sol, dit-elle à Jonas, qui n'est pas d'humeur à discuter. C'est un bon choix. C'est grand, chaud en hiver et frais en été.

Jonas acquiesce d'un signe de tête puis se renfrogne aussitôt. Jeannette vient s'asseoir près de lui et lui prend la main.

— Eh ! Il faut rester fort. Ce n'est qu'un contretemps.

— Je l'ai dit cent fois que maman devait pas aller là-bas toute seule, mais personne m'a écouté. Y a jamais personne qui m'écoute de toute manière. C'est toujours pareil. Et puis pourquoi c'était si important d'avoir un autre enfant dans la famille, hein ? On était bien comme ça, non ?

Jeannette, qui n'a pas cessé de lui tapoter la main, lui sourit tristement.

— Je comprends que ça te mette dans tous tes états, c'est normal. Mais ta mère est une grande fille, tu sais. Et elle connaît Haïti comme le fond de sa sacoche.

— Justement, elle sait jamais ce qu'il y a dedans, sa sacoche.

La sonnerie du téléphone interrompt leur conversation. Comme convenu, les jumeaux laissent leur père prendre l'appel. Ils se lèvent et s'approchent du bureau où ils l'entendent s'énerver.

— Vous êtes certain que Juliette a quitté la crèche ? Parties hier soir... à l'hôtel, oui... personne ne les a vues à l'hôtel hier... elles n'étaient pas à l'aéroport ce matin... vous voulez dire qu'elles ont... disparu ?

— Disparu ? s'étonnent les jumeaux d'une seule voix.

— Oui, merci, ajoute leur père avant de raccrocher.

Les jumeaux rejoignent leur grand-mère qui les serre dans ses bras en apprenant la mauvaise nouvelle. Elle tente de les rassurer, leur répète qu'il ne faut pas s'en faire, que Jean les retrouvera. Les communications sont difficiles en Haïti, et les fonctionnaires, pointilleux. Peut-être manquait-il un sceau sur un document officiel et cela a suffi pour que Julie doive faire le tour de la ville avant de trouver la personne qui allait pouvoir l'apposer. Il y a mille raisons possibles pour expliquer ce contretemps.

— Et puis disparu, disparu... les gens ne disparaissent pas comme ça! conclut-elle, à demi convaincante.

Car les jumeaux savent que leur mère les aurait prévenus de son retard si elle avait pu. Alors si elle ne l'a pas fait, c'est que quelque chose l'en a empêchée. Quelque chose ou... quelqu'un, se dit Jade en se collant davantage à sa grand-mère.

Jean sort de son bureau et fonce vers sa chambre. Les enfants ignorent encore qu'il vient de réserver une place sur le prochain avion pour Haïti et que celui-ci décolle dans trois heures. Il enfourne une chemise et un jeans dans son sac de voyage et glisse son passeport dans la poche de son veston. Quand il réapparaît devant les jumeaux et leur grand-mère, Jean est en sueur.

— Je pars! annonce-t-il sans préambule. Et surtout vous ne ratez pas l'école pendant mon absence ! Je compte sur toi, Jeannette. Si jamais Julie revient avant moi, dites-lui de téléphoner à l'ambassade. Je vous appelle dès que je peux.

— Tu crois que c'est grave à ce point-là ? s'inquiète Jonas.

— Je ne sais pas, peut-être pas… mais je suis incapable de rester ici à me tourner les pouces en attendant de savoir.

Il s'approche et serre ses enfants dans ses bras.

— Soyez gentils avec votre grand-mère.

Il recule d'un pas.

— Je dois y aller. Merci, Jeannette.

— Fais ce que tu as à faire, mon garçon.

Jean attrape son sac et file vers sa voiture. Les jumeaux le regardent partir, inquiets. Ils ne se sont pas complètement remis de leur aventure en Orientie, et chaque fois que leur père doit quitter la maison, ils s'imaginent qu'ils ne le reverront peut-être plus. Avec le temps, Jade a réussi à se convaincre que Jean pouvait sortir de la maison sans que quelque chose de grave lui arrive. Jonas, lui, demeure plus anxieux. Chaque fois que la porte se referme sur son père, une boule lui gonfle l'estomac et il doit prendre de grandes respirations pour la faire passer.

Le nez dans la fenêtre, Jade regarde la Toyota sortir de l'entrée.

— Pourquoi papa t'appelle jamais « maman » ? demande-t-elle à sa grand-mère.

Jeannette prend le temps de réfléchir avant de répondre. Les souvenirs remontent à la surface et cela la rend morose tout à coup.

— C'est arrivé comme ça, à la fin de son adolescence je crois... en fait, quand son père est mort, ajoute-t-elle avec un grain de tristesse dans la voix.

Les jumeaux s'attardent à la fenêtre pendant de longues minutes. Jonas s'imagine voir sa mère arriver en taxi et mettre ainsi fin à ce cauchemar. Jade referme finalement le rideau, incapable de rester immobile plus longtemps. Elle tourne en rond dans le salon puis monte à l'étage pour s'enfermer dans sa chambre, qu'elle trouve bien grande sans le lit et les affaires de son frère. Elle ne le dira pas, mais elle aimerait bien que quelqu'un la prenne dans ses bras pour la consoler…

Chapitre 4

Le retour d'un ami

Les jumeaux ont toujours trouvé leur grand-mère extravagante avec ses foulards interminables et ses coiffures loufoques. Ces temps-ci, par exemple, elle porte les cheveux courts derrière la tête, mais longs et raides sur les côtés, ce qui lui donne des allures de vampire avec son teint pâle. Ce n'est pas que Jeannette leur fasse peur, non. Elle est si gentille et si attentionnée envers eux. Mais ceux qui ne la connaissent pas la trouvent bizarre. Bientôt, elle aura changé de look encore une fois, et les jumeaux comptent sur elle pour que ce soit de nouveau déroutant.

L'autre jour, par exemple, elle s'est présentée à la maison vêtue d'une robe de mariée et personne n'est jamais parvenu à lui faire dire pourquoi elle était habillée ainsi. Elle venait de se marier avec la vie, répétait-elle quand on lui posait la question. Jade a bien tenté d'en savoir davantage, mais en vain. Sa grand-mère s'était mariée avec la vie, voilà tout. Jonas a eu beau la provoquer en lui disant que ça ne voulait rien dire, se marier avec la vie, rien n'y a fait. Elle s'était mariée avec la vie...

Elle est comme ça, Jeannette. Toujours surprenante, ce qui n'est pas un défaut, bien sûr, même si cela déstabilise souvent ceux qui l'entourent. Jade et Jonas l'aiment comme elle est, sauf quand ils croisent leurs amis en sa compagnie... Il leur est même arrivé d'avoir honte de se trouver avec elle, en particulier la fois où elle est venue les chercher à la sortie des classes dans son costume de perroquet. C'est Jonas qui appelle sa robe de plumes vertes comme ça. Les autres élèves n'en sont pas revenus. Ils ont tout de suite pensé qu'il s'agissait d'un déguisement, et Jonas ne les a pas contredits. Il ne ment pas souvent, Jonas, mais cette fois-là, il a fait croire à ses amis que sa grand-mère était comédienne et qu'elle travaillait tellement fort qu'elle n'avait pas toujours le temps d'enlever ses costumes avant de sortir du théâtre.

▲ ▼ ▲

Dès qu'il a posé les pieds en Haïti, Jean a trouvé un téléphone pour appeler les jumeaux. Il s'en allait déposer ses bagages à l'hôtel et foncer vers l'ambassade. Il leur a promis de rappeler dès qu'il aurait du nouveau. Ça, c'était il y a deux jours déjà et depuis ce temps, c'est le silence.

Jade et Jonas essaient de se maîtriser, mais ils réussissent de moins en moins à cacher leur inquiétude. Et même si elle continue de faire des blagues toutes les deux phrases, Jeannette paraît plus anxieuse, elle aussi. Ce matin, elle a multiplié les démarches pour savoir ce qui se trame là-bas, mais personne n'a pu la rassurer. Tout ce qu'elle a appris, c'est que Jean s'est effectivement présenté à l'ambassade le jour de son arrivée, mais depuis, plus personne n'a entendu parler de lui. Ni de Julie. Ni de Juliette.

Réunis dans la nouvelle chambre de Jonas, les jumeaux tentent d'évaluer la situation. Le mystère de la disparition de leurs parents et de leur petite sœur s'épaissit de jour en jour, et le risque qu'il leur soit arrivé quelque chose de grave croît peut-être même d'heure en heure. Ils en viennent à la conclusion qu'ils ne peuvent pas rester là à ne rien faire. Et comme leur grand-mère ne semble pas pouvoir agir, ils ne voient qu'une solution, celle de reprendre la lecture de la bande dessinée des *Phénoménales aventures de l'Incroyable Jack Poissant* pour que leur héros s'extirpe du livre et vienne les aider à se rendre là-bas, en Haïti. Or ils n'arrivent pas à mettre la main sur cette BD, comme si elle s'était égarée quand Jonas a changé de chambre quelques jours plus tôt.

— Puisque je te dis qu'elle était là, dans le tiroir de mon bureau ! s'impatiente Jonas devant l'insistance de sa sœur.

— Si c'était le cas, elle y serait encore, non ?

— Je suis certain que c'est toi qui l'as prise et que tu te rappelles pas où tu l'as rangée, l'accuse Jonas pour se défendre.

— Essaie pas de me mettre tes gaffes sur le dos, Jonas Jolicœur. Tu as perdu la BD parce que tu ranges jamais tes affaires. Maman te le répète tous les jours…

— Si elle était là, aussi, maman, je suis certain qu'elle la trouverait.

— C'est ça que vous cherchez ?

Jeannette se tient dans le cadre de la porte avec *Les phénoménales aventures de l'Incroyable Jack Poissant* dans la main.

— Grand-maman ? s'étonne Jade. Depuis quand tu t'intéresses à la bande dessinée ?

— Depuis toujours, chérie, depuis toujours… Vous rappelez-vous qui vous a offert cette BD et dans quelles circonstances ?

Jade et Jonas se regardent, incapables de dire quand l'album leur a été donné puisque, d'aussi loin qu'ils se souviennent, il a toujours fait partie de leur vie.

— Nous célébrions votre troisième anniversaire de naissance quand je l'ai glissé sous votre pile de cadeaux.

— Mais à trois ans, on savait même pas lire, remarque Jonas.

Jeannette sourit.

— Tu as raison. Disons que j'ai pris de l'avance… et je sais pourquoi il vous est si précieux aujourd'hui.

Les jumeaux baissent les yeux, car leur grand-mère ne peut pas savoir. Elle croit savoir, mais jamais elle ne pourrait deviner que Jack Poissant, le héros de ce livre, les a déjà aidés à retrouver leur père en Orientie.

— Oui, bafouille Jade. Il est précieux, comme tu dis, parce qu'on l'a depuis qu'on est tout petits.

— C'est tout ? dit-elle avec un œil malicieux.

— Qu'est-ce que tu veux que ce soit d'autre ? demande Jonas en essayant de se donner des airs de garçon sûr de lui.

Jeannette les regarde, serre l'album contre sa poitrine puis vient s'asseoir près d'eux.

— J'ai connu Jack quand j'avais votre âge, les enfants.

— Tu connais Jack Poissant ? dit Jonas, les yeux grand ouverts.

— Tu l'as déjà vu sortir de notre livre, toi aussi ? s'énerve Jade

— Il n'était pas dans ce livre-ci, non, répond Jeannette. Le mien était beaucoup plus vieux, avec des images en noir et blanc. Un jour, mon frère Jérémie est parti pêcher. Il avait... attendez que je calcule... il devait avoir dix ans puisque j'en avais douze. Or, à la fin de la journée, il n'est pas rentré à la maison. Mes parents se sont tout de suite inquiétés, bien entendu, et ils ont organisé une battue pour le retrouver. J'ai voulu les suivre, mais quelqu'un avait verrouillé la porte de ma chambre de l'extérieur. J'ai vite compris que mes parents m'avaient enfermée pour s'assurer de ne pas me perdre, moi aussi. Je me suis alors assise sur mon lit et j'ai ouvert le livre des aventures de Jack pour passer le temps. Et c'est à ce moment qu'il m'est apparu dans son grand canot d'écorce, dans le livre d'abord, puis dans le ciel, pour vrai, là, dehors.

— C'est pareil pour nous, dit Jonas avec excitation. Une nuit, on a entendu du bruit sur le toit, et c'était lui, directement sorti de son livre.

— Je sais, je sais...

— Continue ton histoire, s'impatiente Jade.

— Ce jour-là, le canot de Jack s'est immobilisé près de ma fenêtre et il m'a invitée à monter avec lui : « Viens, qu'il m'a dit, ton petit frère a besoin de toi. » Je n'ai pas pu résister et je l'ai rejoint. « Rame ! qu'il m'a ordonné. Rame, sinon on n'y arrivera jamais. » Alors j'ai ramé, même si on était dans les airs. On a survolé mon village puis le cours sinueux de la rivière où Jérémie était parti pêcher. La rivière s'est élargie sous notre canot pour devenir un lac. Ce lac coulait vers le fleuve, puis le fleuve, vers la mer. Et c'est là, dans la mer, que le canot a touché l'eau, avec Jack à l'avant qui levait les bras comme un capitaine fou et moi qui ramais malgré les vagues hautes comme des gratte-ciel.

Jade et Jonas tentent d'imaginer la scène.

— Après un certain temps, les vagues se sont aplaties jusqu'à disparaître complètement. J'ai arrêté de ramer. Jack s'est étendu dans le canot et il a sorti un petit gâteau de la poche de sa veste. Il m'en a offert un morceau puis a englouti le reste d'une seule bouchée. Je lui ai demandé ce qu'on faisait là. Il m'a dit : « Nous attendons la grande baleine. » Alors j'ai attendu la grande baleine avec lui. Longtemps. Si

longtemps en fait que le soleil a eu le temps de se lever et de se coucher plusieurs fois.

— Tu devais avoir peur, la nuit ? suppose Jonas.

— J'ai eu surtout froid… jusqu'à ce qu'un matin, on entende un son étrange, comme le souffle d'un géant. Jack s'est redressé dans le canot et il a montré l'horizon. La grande baleine était là, avec mon frère sur son dos. Après trois ou quatre plongées supplémentaires, elle a émergé de l'eau à côté du canot. « Salut, Jeannette ! m'a lancé Jérémie d'un ton joyeux. Tu veux venir faire un tour ? »

— J'imagine que tu étais heureuse de le revoir, devine Jonas.

— Ça oui ! Je lui ai expliqué que tout le monde le cherchait et qu'on devait rentrer le plus rapidement possible à la maison. Un peu déçu, mon frère a salué la grande baleine, puis le canot s'est de nouveau envolé. Même si Jack a failli nous faire verser plusieurs fois avec ses pirouettes, on est revenus sains et saufs au village. On a déposé Jérémie près de la rivière puis Jack a accosté le canot contre la fenêtre de ma chambre pour que j'en descende. Je l'ai salué et l'ai regardé repartir vers d'autres aventures. Et vous savez quoi ? Quand je suis revenue à moi, j'entendais derrière la porte de ma chambre les sauveteurs raconter comment ils avaient retrouvé Jérémie.

Jeannette croise les mains sur ses genoux, fière de son histoire.

— Quand je pense que tu connais Jack Poissant, souffle Jonas.

— Nous, c'était l'an dernier, ajoute Jade avec enthousiasme. Papa était parti en Orientie et...

— Je sais, dit Jeannette. Jack m'a tout raconté.

— Il t'a tout raconté ? Mais quand ça ? demande Jade.

— Il y a dix minutes à peine, quand j'ai ouvert le livre dans le salon, répond la grand-mère avec un sourire.

— Tu veux dire que tu as parlé à... Jack ? dit Jonas qui écarquille les yeux en le voyant apparaître dans le cadre de la porte.

Jonas et Jade l'examinent avec incrédulité. C'est bien lui, Jack Poissant, avec ses chaussures noires et blanches, son complet démodé, sa cravate à pois et ses cheveux ébouriffés.

— Jack ! crie Jade en se précipitant vers lui. Tu es venu nous aider à retrouver papa et maman, c'est ça ?

Jack Poissant dépose une main amicale sur son épaule.

— Ta grand-mère m'a dit que vous aviez un petit problème, en effet. Si je peux être utile…

— Être utile ? s'énerve Jonas. Et comment ! On doit se rendre en Haïti.

— En Haïti ? reprend Jack avec un brin d'inquiétude dans la voix. C'est que j'y suis jamais allé, en Haïti.

— On n'a qu'à emprunter les tunnels !

— Les tunnels sont devenus moins sûrs depuis que des bandes armées ont commencé à les utiliser comme repaires. Et celui qui mène en Haïti est le plus dangereux de tous.

— Vous trouverez bien un autre moyen, Jack, intervient Jeannette. Il n'y a personne dans vos nombreuses connaissances qui puisse nous prêter main-forte ?

Jack réfléchit un moment, puis son regard s'illumine tout à coup. Il lève le doigt, va parler mais se ravise aussitôt.

— Qu'est-ce qu'il y a, Jack ? Vous avez trouvé ?

— En fait, Jeannette, je vois qu'une seule personne capable de nous aider, mais j'ai peur que vous ne soyez pas d'accord, répond Jack en baissant les yeux.

La grand-mère des jumeaux se demande à qui Jack fait allusion quand une petite lumière éclaire son esprit.

— Vous ne pensez tout de même pas à... elle ? s'inquiète-t-elle, les yeux ronds.

— Je vois pas à qui d'autre on pourrait faire appel, ajoute Jack timidement. Je sais que vous ne l'aimez pas, elle m'a déjà raconté votre histoire, mais...

— C'est hors de question ! siffle Jeannette. Je ne laisserai jamais mes petits-enfants partir avec cette démente !

Jade et Jonas se regardent puis s'interposent entre les deux adultes.

— De qui vous parlez ? demande Jade.

— Ne vous mêlez pas de ça, les enfants ! leur enjoint Jeannette.

— Mais si c'est notre seule chance d'aller là-bas... argumente Jonas.

— On va trouver autre chose, s'entête sa grand-mère. Laissez-moi réfléchir.

Elle s'assoit sur le coin du lit et ferme les yeux. Jack et les jumeaux restent plantés devant elle et attendent qu'elle ressurgisse de ses pensées. Les secondes passent, puis les minutes. Jeannette marmonne pour elle-même une suite de noms, sans doute ceux des fées, des elfes et des sorciers qu'elle a découverts dans les livres : Blanche de l'Ungava, Baltus des plaines de l'Est européen, La Tortue de la Saskatchewan...

— Et si on allait voir cette fée, là... finit-elle par proposer, la petite boulotte au sale caractère qui vous a guidés vers l'Orientie la dernière fois ?

— La Grande Lucette ? répond Jonas, qui garde de la petite fée un souvenir encore vif.

— C'est ça.

— Impossible ! tranche Jack. Après notre voyage en Orientie, elle s'est présentée au bal des princes charmants, et j'ai appris qu'elle y a dégoté un des plus beaux spécimens de la race, si beau et si gentil en fait qu'il l'a invitée dans son château perché sur la pointe d'une montagne, quelque part en Angleterre. Selon une rumeur, ils se seraient même mariés.

— Moi, en tout cas, je voudrais pas être à la place de ce pauvre prince charmant, ose Jonas. Lucette nous a beaucoup aidés, c'est vrai, mais je l'ai pas vue sourire souvent.

Jeannette se redresse, arpente la pièce d'un pas nerveux. Les autres sentent qu'elle va éclater si aucune autre solution ne lui vient à l'esprit.

— On va prendre l'avion, comme tout le monde ! crache-t-elle. Je paierai les billets, c'est tout !

— Jeannette... souffle Jack. Vous savez bien qu'on aura besoin de sa magie.

— La magie de qui ? s'impatiente Jade.

Jack regarde Jeannette qui, les bras croisés sur la poitrine, fixe ses souliers. Le temps reste suspendu un moment, puis elle s'approche des jumeaux.

— C'est bon, j'accepte, dit-elle à regret. Puisqu'il n'y a personne d'autre pour nous venir en aide... Mais vous devez me promettre de ne pas lui faire confiance aveuglément. Cette femme a mille tours dans son sac à malices. Des bons, mais aussi des mauvais. Et elle a un sens de l'humour très particulier... Je vous le dis, les enfants, je suis très inquiète de vous laisser partir avec elle.

— Mais je serai là, dit Jack avec enthousiasme. Et vous aussi…

Jeannette grimace puis se tourne vers Jack, qui tente de replacer la mèche de cheveux qui lui tombe sur le front.

— Vous savez très bien, Jack, dit Jeannette, les dents serrées pour bien montrer qu'elle n'est pas rassurée, que dès qu'on aura franchi la porte de son appartement, on perdra le contrôle de tout ce qui se produira par la suite.

Jack déglutit. Il aimerait ajouter quelque chose, mais il se sent obligé de lui donner raison.

Chapitre 5

C'est moi que tu traites de chipie ?

Jack aurait aimé faire la route en volant, comme d'habitude, mais Jeannette a proposé de prendre la voiture. Elle a besoin de se refroidir les esprits avant d'arriver là où ils vont. Les jumeaux tentent de lui faire dire qui est cette femme qu'ils vont rencontrer et pourquoi elle ne l'aime pas, mais leur grand-mère demeure silencieuse. Et un seul de ses regards suffit pour que Jack, assis à côté d'elle, comprenne qu'il ne doit pas se mêler de cette histoire.

Cela fait maintenant trente minutes qu'ils sillonnent la ville dans un sens et puis dans l'autre comme s'ils tournaient en rond. Les jumeaux ont l'impression que leur grand-mère essaie de gagner du temps avec l'espoir de trouver une autre solution. Jack, lui, a compris le manège depuis longtemps, mais il n'ose pas en faire la remarque de crainte que Jeannette ne l'oblige à descendre du véhicule.

Le temps s'est obscurci depuis le matin et quelques gouttes de pluie perlent même sur le pare-brise. À la radio, un violoncelle ronfle devant le piano qui l'accompagne. Les jumeaux auraient préféré le dernier tube de l'heure, mais ce n'est visiblement pas le temps de contredire leur grand-mère, qui a elle-même choisi la chaîne en montant dans la voiture.

Ils contournent le grand parc, celui où leur père les emmène jouer au soccer tous les mercredis soir, puis traversent la ville une nouvelle fois, en route vers le nord. Quand ils passent sous l'autoroute suspendue, la pluie devient plus insistante et force Jeannette à actionner les essuie-glaces qui se mettent à chanter avec le violoncelle. Koui-koui, koui-koui…

Installés sur la banquette arrière, les jumeaux regardent les maisons défiler de chaque côté de la route puis dessinent des visages avec leurs doigts dans la buée de la vitre. Jade pense à sa mère partie toute seule en Haïti, et elle se dit que Jonas a raison, que quelqu'un aurait dû l'accompagner. Et pourquoi pas elle ? Finalement, c'est peut-être un peu de sa faute si sa mère n'est pas revenue. Si elle avait été là, elle aurait pu l'aider. L'aider à quoi, elle ne le sait pas, mais au moins elles auraient été deux pour s'occuper de la petite, la faire boire et manger, changer ses couches, la regarder dormir…

Jonas, de son côté, regrette lui aussi de ne pas avoir offert à son père de partir avec lui. Leur grand-mère est gentille, bien sûr, mais il n'est pas convaincu qu'elle saura faire ce qu'il faut pour retrouver Julie et Juliette. Et Jack est si maladroit ! Même s'il connaît tout plein de gens intéressants, il est possible qu'il ne soit pas d'une aide si précieuse une fois rendu là-bas. Déjà que « là-bas », on ne sait pas trop à quoi ça ressemble, se dit Jonas. C'est beau, les livres d'histoire, mais ça ne dit rien sur ce qu'on ressent quand on pose le pied dans le pays et que rien n'est pareil à chez soi.

La voiture s'arrête soudain devant un immeuble d'habitation et Jeannette éteint le moteur.

— Je suis convaincue qu'on fait une erreur en se présentant là, dit-elle en desserrant à peine les dents.

— Restez calme, dit Jack, et tout va bien se passer.

Ils descendent de voiture et, suivis des jumeaux, ils s'engagent dans l'allée de béton qui mène à la porte d'entrée de l'édifice. Celle-ci s'ouvre sur une cage d'escalier plutôt sombre où flotte une forte odeur de poisson frit. Les jumeaux grimacent en montant les marches qui les conduisent à l'appartement numéro 5.

Jack jette un dernier coup d'œil à Jeannette puis appuie sur le bouton de la sonnerie. En découvrant l'œil-de-bœuf au centre de la porte, Jeannette se tasse de côté. Elle ne veut pas que l'autre l'aperçoive en plantant son œil dans la lentille. La voix d'un chanteur de rap américain s'échappe de l'appartement du dessous. Ils entendent des pas s'approcher puis la lentille de l'œil-de-bœuf s'obscurcit, preuve que quelqu'un les observe. Jeannette ne réussit pas à réprimer le frisson qui lui parcourt le corps. Après quelques secondes d'hésitation, l'autre demande qui est là sans ouvrir.

— C'est moi, Jack ! Vous ne me reconnaissez pas ?

— C'est que tu n'es pas tout seul, mon gars. Qui est avec toi ?

— Ouvrez, je vais vous expliquer.

— Explique d'abord, je t'ouvrirai ensuite. Qui sont ces enfants ?

Jack sourit, nerveux.

— Mais laissez-nous entrer... je ne peux pas vous raconter ça ici, dans le couloir.

— Et cette femme derrière toi, dans sa robe de carnaval, c'est ta mère ?

Jeannette veut partir, mais Jack la retient.

— C'est Jeannette... dit-il. Vous vous souvenez de Jeannette, non ?

Silence. Pas de réponse. L'œil-de-bœuf retrouve son éclat.

— Vous êtes toujours là ? demande Jack.

Tout porte à croire que non.

— Allez, on s'en va ! décrète Jeannette. Je savais que cette chipie ne pouvait rien pour nous. Venez !

Elle dirige les jumeaux vers l'escalier quand la porte s'ouvre brusquement derrière eux.

— Est-ce que je t'ai entendue me traiter de chipie ? crache une femme ronde en apparaissant dans le couloir.

Jeannette se retourne et se pose en rempart devant les jumeaux.

— J'ai bien dit chipie, oui, et je me suis retenue car le mot auquel je pensais ne se prononce pas devant des enfants.

Les deux femmes se dévisagent longuement avec un regard si intense que Jack se demande laquelle va se jeter sur l'autre en premier pour la rouer de coups. Pourtant, ni l'une ni l'autre ne bougent, sans doute trop absorbées par leurs souvenirs communs. Car leur dispute a pris naissance il y a bien longtemps…

À cette époque, même le père des jumeaux n'était pas né, c'est pour dire ! Jeannette avait rencontré Joseph, son futur mari, à une soirée dansante organisée par des amis. Tout le monde connaissait Jos

Jolicœur parce que c'était l'homme le plus fort de la paroisse. Et un beau garçon à part ça. Ce soir-là, il avait invité Jeannette à danser plusieurs fois et elle était rentrée à la maison les jambes molles, pas tant à cause de la fatigue que parce qu'elle était tombée amoureuse de ce prétendant. Ce que Jeannette ne savait pas à ce moment-là, c'est qu'une autre fille avait aussi le béguin pour le beau Jos. Rose Louverture, d'origine haïtienne, habitait le nord de la ville, et on la disait un peu sorcière. Or quand elle a appris que son Jos avait dansé toute la soirée avec une pimbêche du centre-ville, elle s'est fâchée comme seule une femme aigrie peut se fâcher. Elle s'est présentée chez Jeannette et lui a jeté un mauvais sort : à partir de ce jour, sa rivale ne réussirait plus jamais à agencer ses vêtements, et ses robes habituelles lui brûleraient la peau dès qu'elle les enfilerait. Jeannette se retrouva donc condamnée à ne plus jamais porter que des tenues farfelues. D'abord choquée, elle avait finalement accepté cette incapacité et l'avait retournée à son avantage pour en faire un trait de sa personnalité que Jos finit par apprécier.

— Il faut que tu sois bien mal prise pour te présenter devant moi aujourd'hui, après toutes ces années, fanfaronne la grosse femme.

— J'essaie de me tenir loin des sorcières de ton genre, acquiesce Jeannette.

— Sorcière toi-même ! éclate Rose en riant. Regarde ton accoutrement. Y a qu'une diseuse de bonne aventure pour s'habiller comme ça.

Jade et Jonas se sentent obligés de lui donner raison. Personne d'autre qu'une tireuse de cartes ne porterait un tel salmigondis de bijoux, une robe aussi criarde et un turban aussi gros. Et tout ce bleu dont elle maquille ses paupières, ça n'a rien d'esthétique.

— On ne pourrait pas poursuivre cette amicale conversation à l'intérieur ? propose Jack.

Les deux femmes le dévisagent comme s'il venait de roter. Il sourit bêtement, heureux de son effet. Jade et Jonas en profitent pour s'interposer.

— D'ailleurs, on prendrait bien un verre de lait, dit Jade.

— Et des biscuits s'il y en a, ajoute Jonas.

Rose défie Jeannette du regard puis prend les jumeaux par les épaules.

— Bien sûr, mes chéris, suivez-moi, dit-elle sans quitter Jeannette des yeux. Madame Soleil va vous donner tout ça.

— Qui c'est, Madame Soleil ? demande Jade, un peu inquiète.

— Mais c'est moi, chère enfant, c'est moi !

Elle les entraîne dans son appartement qui ressemble à un capharnaüm africain avec ses sculptures de bois noir et ses masques accrochés un peu partout. Dans un coin, un tronc d'arbre sert de porte-manteau et des petits tapis ont été tendus sur les murs. La plupart représentent des huttes que des femmes et des enfants entourent. Les autres montrent des hommes en train de labourer les champs.

— Il ne faut rien accepter de cette femme ! lance Jeannette aux jumeaux en passant le pas de la porte. Elle est capable de vous empoisonner.

Les jumeaux haussent les épaules. Ils trouvent qu'elle a l'air plutôt sympathique, cette Madame Soleil, surtout quand elle leur présente un plateau rempli de petits gâteaux.

— Servez-vous, allez-y. Y a aucun danger, allez. Votre grand-mère ne m'aime pas, et c'est normal. Un vieux conflit nous oppose, elle et moi. Si elle veut vous le raconter, elle vous le racontera.

— Ça ne les regarde pas ! coupe Jeannette sèchement. Et n'essaie pas de te donner le beau rôle après ce que tu as fait.

Je suis ici parce que je n'ai pas le choix, pas pour faire la paix.

Madame Soleil sourit de ses dents écartées, et Jonas trouve que ce sourire lui va très bien. Il lui rapetisse les yeux, dont les billes brunes brillent d'un éclat rieur, et lui arrondit les joues de telle manière qu'on a envie de les croquer.

— Tu devrais, pourtant, dit Jade à sa grand-mère. C'est ce que tu nous répètes tout le temps, à nous, de faire la paix.

Jeannette reçoit la remarque avec surprise et prend le temps de réfléchir avant de répondre.

— Tu as raison, il faut toujours essayer. Mais avec elle, je sais d'avance que ça ne réussira pas. Notre différend dure depuis trop longtemps.

Madame Soleil ne se départ pas de son sourire, même lorsque Jeannette se met à faire le tour du salon avec un œil inquisiteur. Elle contourne les meubles, caresse les bibelots du bout des doigts, palpe les coussins, examine une photographie ancienne où un vieil homme se tient droit entre deux fillettes.

— C'est mon père, commente Madame Soleil. Sur cette photo, je suis avec ma sœur, décédée l'année suivante, à onze ans.

Jeannette baisse les yeux. Elle aimerait lui dire qu'elle est désolée, mais elle ne veut pas se laisser attendrir par cette révélation et poursuit sa visite. Sur le mur, près de la photo, un long couteau pend au bout d'une lanière de cuir. Madame Soleil explique que cette machette était l'instrument de travail de son père avant qu'il ne quitte son pays pour venir s'installer ici. Il travaillait dans les champs de canne à sucre, sept jours sur sept, du lever au coucher du soleil, et il en avait gardé une raideur au bas du dos qui ne l'avait jamais quitté. Jeannette recule d'un pas pour admirer un petit tableau peint à la gouache qui représente une montagne, ce qu'on appelle un morne en Haïti.

— Et si tu me racontais ce que tu fais ici plutôt que de décortiquer mes souvenirs, grommelle Madame Soleil sans malice.

Jeannette cligne des yeux pour montrer qu'elle a bien entendu la remarque, mais elle ne répond pas.

— C'est qu'on a perdu notre mère, intervient Jonas.

— Oui, et notre sœur aussi, ajoute Jade, la bouche pleine de gâteau.

— Et peut-être notre père, renchérit Jonas.

Madame Soleil se penche vers eux et les regarde avec compassion.

— Ce que vous me racontez là est bien triste, mais que voulez-vous que j'y fasse ? demande-t-elle.

— C'est moi qui ai pensé à vous, précise Jack, parce que toutes ces personnes ont disparu dans le pays de votre père.

— En Haïti ? échappe Madame Soleil, étonnée. Mais qu'est-ce qu'elles foutaient là ?

Jack lui raconte toute l'histoire, l'adoption, les papiers à signer, le départ de la mère des jumeaux, sa disparition avec la petite, les inquiétudes du père et son départ à lui aussi…

— Il se passe des choses pas très claires là-bas et il faut que vous nous aidiez à comprendre ce que c'est, conclut Jack.

Madame Soleil examine Jeannette un moment, et son regard semble s'attendrir.

Elle se redresse puis sort de la pièce. Jack ne sait pas s'il a réussi à la convaincre et il se met à en douter quand elle revient, une énorme barre de fer pliée en deux à la main.

— Vous savez ce que c'est, ça? demande-t-elle aux jumeaux, qui haussent les épaules. C'est une barre d'acier que votre grand-père… ce sont bien tes petits-enfants, Jeannette, non?

— Oui, répond-elle.

— Donc, c'est une barre d'acier que votre grand-père Joseph a pliée en deux de ses seules mains. Comme ça, précise-t-elle en imitant le geste. J'étais là quand il a fait ça. C'était un soir de juillet, il y a bien longtemps, dans le parc tout près d'ici. On avait l'habitude de présenter des petits spectacles d'hommes forts dans ce temps-là, alors Jos est monté sur l'estrade avec sa tige, il l'a pliée comme s'il s'agissait d'un morceau de caoutchouc et il me l'a tendue. C'était sa manière de faire la cour aux femmes. Et moi, je l'ai gardée… toute ma vie, je l'ai gardée parce qu'aucun autre homme ne m'a jamais offert un cadeau aussi original.

— Vous étiez amoureuse de grand-papa? s'étonne Jonas.

Le visage de Madame Soleil s'illumine comme si l'image de ses souvenirs se déroulait devant ses yeux mi-clos. Un sourire triste lui allonge les lèvres avant qu'elle émerge de ses pensées.

— Je sais pas comment il est aujourd'hui, mais à l'époque c'était un bel homme, vous savez.

— Il est mort il y a plusieurs années, annonce Jeannette avec une fêlure dans la voix.

Madame Soleil reste bouche bée, affligée d'apprendre que le grand amour de sa vie n'est plus de ce monde. Dans un geste tout à fait imprévu, elle s'approche de Jeannette, la fixe un moment puis la serre dans ses bras. C'est comme si, du coup, elle avait tout oublié de sa querelle avec elle. Jeannette ne sait pas comment réagir. Elle regarde Jack, qui lui sourit tendrement. Les jumeaux ne comprennent pas très bien ce qui se passe et attendent la suite. Jeannette finit par se déraidir et tapote le dos de Madame Soleil.

— Ça va, répète-t-elle alors que Madame Soleil laisse tomber une larme sur son épaule.

— Je n'ai pas voulu te faire de mal, tu sais, dit Rose. J'étais jalouse, voilà tout. Jalouse qu'il t'ait choisie, toi. Je ne me suis jamais mariée, c'est idiot, non ? Parce que je l'ai attendu. Toute ma vie je l'ai attendu. Et aujourd'hui, tu m'apprends qu'il est mort.

Jeannette louche vers Jack puis fronce les sourcils.

— Tu veux dire que, pendant quarante ans, tu as attendu que mon mari me quitte pour courir te rejoindre ?

— Oui, quarante ans…

Jeannette sourit, de pitié cette fois.

— Mais Rose, dit-elle en la serrant contre elle à son tour. Il ne t'a même jamais embrassée. Comment as-tu pu… ?

— J'étais folle de lui. Et la folie, ça ne s'explique pas, répond Madame Soleil avant de se dégager et de fuir dans sa cuisine pour cacher ses larmes.

Chapitre 6

Partir ? Mais pour aller où ?

Alors que les jumeaux, Jack et Jeannette se sont assis et attendent que Madame Soleil revienne, des sons de casseroles et d'ustensiles leur parviennent de la cuisine, comme si leur hôte était en train de leur préparer un repas. Au bout d'un moment, les jumeaux s'impatientent. Ils ne sont pas venus ici pour manger mais pour trouver un moyen de se rendre en Haïti, et ils ont de plus en plus l'impression de perdre leur temps.

Figé devant un masque particulièrement terrifiant, Jack lui fait des grimaces, comme s'il espérait que l'autre lui réponde. Jeannette le regarde, incrédule.

— Qu'est-ce que vous fabriquez, Jack ? demande-t-elle d'une voix aiguë.

— Je discute avec ce méchant, répond-il sans détourner le regard de son interlocuteur de bois. On l'appelle Baron-Samedi, et c'est un fanfaron. Il faut faire attention à lui, il peut être très désagréable, capable même de s'emparer de notre corps et de nous faire dire n'importe quoi. Mais là, je m'amuse avec lui.

Jeannette sourit devant la simplicité de Jack et son côté enfantin. Chaque fois qu'elle l'a rencontré, elle s'est demandé comment il s'y prenait pour sortir de sa bande dessinée. Il est si maladroit…

— Et vous croyez qu'il peut vous répondre ? ose-t-elle. Ce n'est qu'un masque, vous savez.

Jack se retourne lentement vers elle, regarde les jumeaux du coin de l'œil puis revient à leur grand-mère.

— Pas ici, Jeannette, dit-il à voix basse comme s'il s'agissait d'un secret. Dans cette pièce, tout est vivant. Venez, approchez, je vais vous montrer.

Jeannette le rejoint, suivie des jumeaux que tout cela intrigue. Jack prend les épaules de Jonas par-derrière et le place devant le masque.

— Maintenant, dis-lui bonjour.

Jonas se sent ridicule.

— Vas-y ! insiste Jack pendant que Jade et sa grand-mère suivent la scène avec intérêt.

Jonas fixe le masque d'ébène un moment. Avec ses yeux vides, ses oreilles larges et ses cheveux de paille, ce Baron-Samedi l'intimide.

— Bonjour… finit-il par balbutier avant de sursauter. Espèce de mal élevé ! ajoute-t-il, offusqué.

— Qu'est-ce qui se passe ? demande Jade.

— Vous avez rien entendu ? Ce vieux singe m'a envoyé promener.

Effectivement, personne d'autre que Jonas n'a entendu la réponse du masque. Alarmé, Jack s'interpose aussitôt entre ce dernier et Jonas et demande à Baron-Samedi d'excuser son ami de l'avoir insulté.

— Il n'a pas dit « vieux singe », non, non, non… il a dit « vieux sage », oui c'est ça… « vieux sage ».

Il repousse Jonas vers son siège et leur demande à tous les trois de rester calmes. Car ils sont tous là, autour d'eux.

— Qui ça ? demande Jade en se collant sur son frère.

— Les loas…

— C'est quoi ça, des loas ?

— Ce sont des divinités, des génies, des esprits que Madame Soleil aime bien, précise-t-il. Quand on ne les dérange pas, ils se tiennent tranquilles. Mais si on les importune…

— Ils deviennent méchants ? s'inquiète Jonas.

— La plupart sont gentils, mais certains peuvent s'avérer plus redoutables. Baron-Samedi, c'est le plus dangereux. C'est le génie de la mort et des cimetières. Quand il s'empare du corps de ses fidèles, ceux-ci deviennent fous. Des chants obscènes sortent alors de leurs bouches et leurs corps se désarticulent. C'est ce qui a bien failli t'arriver. Vaut mieux se tenir loin de lui, conclut Jack.

Jade, Jonas et Jeannette ne sont pas rassurés. Du regard, ils refont le tour de la pièce où il y a bien une dizaine de ces masques inquiétants. Jack s'approche lentement d'une statuette étrange.

— Lui, c'est Balé-Rouzé, celui qui rétablit l'ordre, ce qui n'est pas mauvais en soi. Le problème, c'est qu'il le fait toujours dans une grande violence et que ça provoque beaucoup de chagrin.

Les jumeaux se serrent davantage l'un contre l'autre. Ils entendent toujours les casseroles de Madame Soleil dans la cuisine et ils se disent qu'elle est peut-être en train de préparer un mauvais coup, une potion qui va les endormir ou les empoisonner pour qu'elle puisse les offrir en sacrifice à ses loas.

— On s'en va d'ici ! propose Jonas en se levant.

— Je suis d'accord, acquiesce Jade. J'ai l'impression de manquer d'air.

— Mais non, mais non, intervient Jack en les forçant à se rasseoir. Y a pas de danger, croyez-moi. Et puis tous les autres masques sont là pour vous protéger, ajoute-t-il en les montrant du doigt. Dans le coin, là-bas, il y a Ogou le viril et Erzulie, la déesse de l'amour. De l'autre côté, là, c'est Dambala, détenteur de la

Connaissance et de pouvoirs magiques extrêmes. Derrière, on trouve Marinette et Ti-Jean, les gardes du temple.

— Marinette et Ti-Jean, reprend Jonas, amusé. Ils sont comiques, ceux-là ? On dirait des noms d'humoristes.

Jack pose un doigt sur sa bouche et lui demande de parler moins fort. C'est que les loas n'ont pas toujours le sens de l'humour, et si vous tombez sur un mauvais jour, ils peuvent se sentir blessés par vos remarques et vous punir.

— Nous punir ? s'inquiète Jade. Comment ?

Jack hésite. Il ne veut pas les inquiéter davantage. Il choisit d'éviter la question en leur présentant Guédé, l'esprit de la mort, enfermé dans un sachet de cuir déposé sur une table basse.

— Tu veux dire qu'il est là-dedans ? demande Jonas en montrant l'étui pas plus gros qu'un sachet de thé.

— Oui… et on peut le manger. Mais je t'expliquerai tout ça plus tard, Jonas. Ce que je veux que tu saches, pour l'instant, c'est que si tu restes sagement assis, il ne se passera rien de grave.

Les jumeaux et leur grand-mère ne le diront pas, mais ils aimeraient bien se trouver ailleurs que dans ce salon. Le bruit des casseroles finit par s'éteindre dans la cuisine puis, au bout d'un moment, Madame Soleil réapparaît devant eux avec un chaudron fumant qu'elle dépose sur la table basse au centre de la pièce. Jack s'approche pour y tremper un doigt.

— Fais attention, le prévient-elle. C'est bouillant !

Jack arrête son geste et sourit bêtement.

— Ça sent si bon, dit-il, les yeux ronds de gourmandise.

Les autres sont obligés de lui donner raison. Avec ses arômes de légumes frits et de viande bouillie, cette soupe leur chatouille le nez. Quand Madame Soleil revient avec des bols et des cuillères, Jeannette grimace. Même s'il sent divinement bon, ce bouillon ne lui inspire pas confiance, et elle décide d'attendre que quelqu'un d'autre en ait mangé avant de s'y risquer elle-même.

Madame Soleil sifflote en les servant puis elle s'assoit devant eux, le dos bien droit et son bol sur les genoux. Elle ressemble aux figurines de son appartement, tout en rondeurs sous sa robe jaune. Les billes de ses yeux passent de l'un à l'autre puis s'arrêtent sur Jeannette.

— Je suis heureuse que nous ayons fait la paix, lui dit-elle, sincère.

Jeannette sourit puis baisse les yeux.

— Surtout qu'il n'y avait pas de raison pour que nous nous détestions. Mon mari...

— Tut, tut, tut... coupe Madame Soleil. Je ne veux plus parler de ça. Le passé, c'est le passé. Tu sais, Jeannette, maintenant que nous sommes amies, j'aimerais bien annuler le sort que je t'ai jeté, mais je ne suis pas certaine de pouvoir y arriver. Il y a si longtemps...

— Ne t'inquiète pas pour ça. Avec le temps, je m'y suis habituée. Mes drôles de robes font maintenant partie de ma personnalité, et si je me remettais à m'habiller comme tout le monde, plus personne ne me reconnaîtrait.

Madame Soleil rit avec Jeannette de sa dernière remarque. Elle avale une gorgée de soupe puis se tourne vers les jumeaux.

— Comme ça, vos parents ont disparu, leur dit-elle en essuyant une goutte de soupe sur son menton.

— C'est Jack qui a eu l'idée de venir ici, enchaîne Jeannette.

— Oui, et je devine que tu n'étais pas d'accord, ose Madame Soleil.

Jeannette hésite puis sirote un peu de sa soupe à même le bol, comme s'il s'agissait d'une tasse.

— Tu as raison, avoue-t-elle après avoir dégluti. Je n'étais pas d'accord... mais notre situation est si désespérée.

— D'ailleurs, je suis pas certaine que ce soit une bonne idée qu'on perde notre temps à manger de la soupe. J'ai peur que nos parents soient en danger, alors si vous pouvez faire quelque chose pour nous, je propose que ce soit tout de suite.

Madame Soleil regarde Jade d'un air amusé.

— Elle sait ce qu'elle veut, cette petite, dit-elle.

Elle se redresse sur sa chaise, vide le reste de sa soupe dans le grand chaudron et leur demande de l'imiter.

— J'ai même pas eu le temps d'y goûter ! proteste Jack.

— Je crois que la petite a raison, ajoute Madame Soleil. Y a pas de temps à perdre, mes amis. Il se passe des choses inquiétantes en Haïti ces temps-ci, vous n'avez pas idée. Il vaudrait mieux partir tout de suite.

— Partir ? Mais pour aller où ? demande Jonas.

Madame Soleil le fixe de ses yeux noirs et brillants.

— Mais pour aller là-bas, mon garçon, dans mon Ayiti chérie !

Chapitre 7

Tous ces gens sont en colère

Jade et Jonas se tiennent la main et forment un cercle avec Jack et leur grand-mère. Au centre, Madame Soleil chante une drôle de chanson. Relevant les pans de sa robe jaune, elle danse, pieds nus, et tourne sur elle-même. Puis elle sort de la poche de sa robe un immense cigare qu'elle allume et qu'elle pompe sans retenue. La pièce se remplit rapidement d'une fumée bleue qui empeste l'air et devient si dense que les yeux des jumeaux se mettent à piquer.

Madame Soleil chante et danse tant et tant que les autres s'en trouvent étourdis. Ils entendent bientôt les casseroles s'entrechoquer dans la cuisine, comme si une tempête secouait l'appartement. Sur le mur, le masque de Baron-Samedi tressaute et tombe sur le sol en laissant échapper un râle, comme si quelqu'un venait de le frapper. Les statuettes, quant à elles, gigotent comme des écureuils au son des casseroles, qui marquent maintenant le rythme de la danse de Madame Soleil.

Le vent souffle les cheveux des jumeaux puis pousse la fumée dans leurs gorges qui se contractent. Assommés par le bruit, ils étouffent et sentent qu'ils vont bientôt s'évanouir. Pris de panique devant ce déchaînement, ils implorent leur grand-mère du regard. Ils aimeraient bien qu'elle les sorte de là, mais déjà ils ont de la difficulté à la voir tellement la fumée a envahi la pièce. Enveloppé de brouillard, Jack semble s'amuser des pirouettes de Madame Soleil. Il tape du pied et secoue la tête, comme emporté par le même délire qu'elle.

Les jumeaux n'y voient maintenant plus rien. Le son des casseroles s'est rapproché. Ils se serrent l'un contre l'autre. Il fait chaud tout à coup et une odeur de

poisson leur monte au nez. Sont-ils en train de devenir fous ? Le bruit des casseroles leur perce les tympans. Il y en a partout autour d'eux. Que se passe-t-il ?

Poussée par un vent aux effluves marins, la fumée se dissipe lentement. Les jumeaux découvrent alors qu'ils ne sont pas seuls, qu'une foule les entoure, des hommes et des femmes qui les forcent à avancer en frappant sur leurs casseroles. On les bouscule, mais avec le sourire, presque gentiment. Madame Soleil est là, devant eux, avec Jack et leur grand-mère. Ils ne sont plus dans l'appartement du nord de la ville, mais au centre d'une rue sur laquelle le soleil frappe. Tout le monde saute autour d'eux en chantant la chanson de Madame Soleil.

— C'est un rara ! leur crie Jack en se retournant. Ça veut dire « faire du bruit ». C'est la fête ! Allez, dansez !

— Mais on est où, là ? demande Jade.

Madame Soleil se retourne à son tour et secoue sa poitrine dans une improvisation gestuelle étrange.

— Vous êtes dans mon pays… dans le pays de votre petite sœur, mes amis…

dans mon Ayiti chérie ! chante-t-elle en ouvrant les bras et en regardant le ciel.

Elle tourne sur elle-même, visiblement émue de se retrouver parmi les siens, sur la terre qui l'a vue naître. Une terre pour elle remplie de souvenirs. C'était au temps où tout n'allait pas bien, non, mais où le pays vivait encore. La mer n'était pas polluée et des arbres coiffaient alors les mornes, devenus chauves comme des petits vieux. Il y avait des jardins aussi, pleins de légumes, et des champs de céréales. Et moins de fusils surtout… Aujourd'hui, il y a des armes partout, et les gens meurent pour rien. Ce n'est pas ce pays-là que Madame Soleil célèbre, comme ça, les bras en croix et la tête tournée vers le ciel, mais celui d'hier et celui de demain peut-être, quand on aura désarmé les fous et ceux qui les exploitent.

Le spectacle qui se joue autour des jumeaux est hallucinant. Des centaines, voire des milliers de personnes sautent d'un même pas, les bras dans les airs, infatigables malgré la chaleur et le bruit. Jade s'accroche à Jonas pour rejoindre sa grand-mère qui sue, elle aussi, sous sa robe de coton fluorescente. Pourtant, elle semble bien s'amuser et participe au rara avec enthousiasme. Jade aimerait lui rappeler qu'ils sont là pour retrouver leurs parents et la petite Juliette, pas pour faire la fête, mais ce n'est pas une ambiance propice à la discussion.

Les bras en l'air lui aussi, Jack ne cesse de bondir. Un à un, les gens s'éloignent de lui. L'odeur qu'il dégage ferait fuir un babouin tellement il transpire, et les jumeaux se rappellent tout à coup comme cela avait été pénible à endurer pendant leur voyage précédent, en Orientie. Mais rien ne semble pouvoir freiner ses élans. Il suit la marée humaine sans se rendre compte que le cercle s'est agrandi autour de lui et que plus personne n'ose l'approcher.

Emportés par la foule, ils descendent une rue étroite bordée d'échoppes bringuebalantes. On y propose toutes sortes de matériaux que personne n'achète ou presque. Des bouts de tuyau, des boulons et des écrous, des bouteilles de plastique vides, de la ferraille, des bidons sales, quelques bouts de bois à peine réutilisables… Au coin de la rue, un dépotoir à ciel ouvert déverse ses odeurs de pourriture sur le carrefour. Un filet d'eau, brunâtre, s'en échappe et coule le long du chemin entre d'autres immondices, un ruisseau que tout le monde préfère ignorer tellement cela ressemble à des égouts.

Toujours portée par le tintamarre du rara, Madame Soleil ne semble pas importunée par les odeurs et continue de danser, sans manquer de s'assurer, cependant, que ses amis la suivent. Comment pourraient-ils faire autrement ? se dit Jade, poussée par la foule derrière elle. Les jumeaux se sentent mal à l'aise. Avec leur grand-mère, ils sont les seuls Blancs du cortège, comme si on avait déposé trois noix de crème fouettée au centre d'un immense gâteau au chocolat. Tel un caméléon, Jack s'est déjà fondu dans la masse en arborant son teint de vacances. Jonas lui demanderait bien comment il a fait pour bronzer si rapidement, mais il a peur de s'évanouir s'il approche trop près de son ami. Sans doute est-ce un autre de ses dons…

Le cortège des danseurs coule vers le centre de la ville et les jumeaux se rendent compte qu'on s'interroge de plus en plus autour d'eux. Tout le monde semble se demander ce que ces Blancs font dans le rara, et les regards qu'on leur lance sont de moins en moins sympathiques. Jade s'accroche à la robe de sa grand-mère et Jonas se colle à Madame Soleil comme pour dire aux autres qu'il est avec elle. Le son des tambours est assourdissant quand le défilé s'arrête devant un grand édifice blanc.

— C'est le Palais national, précise Madame Soleil, la maison du Président.

— Peut-être qu'il sait où sont nos parents, le Président, dit Jonas, ce qui fait rire Madame Soleil.

— Ça me surprendrait, répond-elle, il n'a pas mis les pieds ici depuis plus d'un an.

— Il est parti où ?

Elle hésite un moment, parce que toutes ces histoires politiques sont bien compliquées.

— Le Président est en vacances, se contente-t-elle de dire.

Jonas trouve qu'un an, cela lui fait de bien longues vacances, mais il garde ça pour lui, trop occupé à surveiller les hommes et les femmes qui, autour d'eux, s'agitent de plus en plus frénétiquement. Certains crient des slogans en créole qu'il ne comprend pas, d'autres sifflent en frappant leur casserole.

En y regardant de plus près, Jonas s'aperçoit qu'il y a en fait deux orchestres et que ceux-ci semblent se donner la réplique comme dans une guerre de bruit. Or le hasard a voulu qu'ils se retrouvent au centre des deux clans, et on dirait bien que s'ils ne choisissent pas leur camp, ils seront bientôt forcés de s'en aller. Un homme armé d'un long bâton s'approche d'ailleurs d'eux avec dans les yeux des éclairs de colère. Même la puanteur de Jack ne l'arrête pas. L'homme lève la main et va le frapper quand un adolescent s'interpose. L'homme arrête son geste et lui demande de s'enlever de son chemin, mais l'adolescent semble décidé à ne pas le laisser attaquer ces étrangers, qu'il devine perdus au centre du rara.

— *Laisse-les tranquilles*, dit l'adolescent en créole, *ils ne t'ont rien fait*.

— *Qu'ils retournent d'où ils viennent !* crie l'homme en levant son bâton encore plus haut au-dessus de sa tête. *Ils n'ont pas d'affaire ici !*

La foule tout autour applaudit. « *Oui, qu'ils s'en aillent s'ils ne sont pas d'ici !* » entend-on de toutes parts. Jack avance d'un pas, mais Madame Soleil lui ordonne de ne plus bouger.

— Justement, ils allaient partir. N'est-ce pas ? insiste l'adolescent en se tournant vers eux.

— Oui, oui, bégaie Jack... c'est juste qu'on ne savait pas par où passer, ajoute-t-il parce qu'il ne trouve rien d'autre à dire.

— *Ils s'en vont !* crie l'adolescent pour calmer le jeu. Suivez-moi ! ajoute-t-il en français avant de leur ouvrir un chemin au milieu de la foule.

Jack, Madame Soleil, Jeannette et les jumeaux obéissent, heureux de s'en tirer à si bon compte, et sortent du rassemblement en essuyant la sueur qui perle sur leurs fronts. Une fois hors de danger, ils entourent leur sauveur et le remercient chaleureusement.

— C'est vous qui les avez entraînés là-dedans ? balance le jeune homme à Madame Soleil sur un ton de reproche.

Vous êtes inconsciente ou quoi ? Vos amis auraient pu se faire découper en petits morceaux. Tous ces gens sont en colère. Ça fait des jours qu'ils n'ont pas mangé. On leur a coupé l'électricité et l'eau ne coule plus nulle part. Ils cherchent les responsables de ce fiasco, et comme ils ne les trouvent pas, ils sont prêts à s'en inventer. Et vos amis blancs leur feraient de très beaux coupables, parce que les Blancs n'ont jamais rien apporté de bon à ce pays.

Madame Soleil baisse les yeux. Le garçon a raison. Son pays a bien changé, et elle s'aperçoit avec tristesse qu'elle ne le connaît plus, parce qu'elle l'a quitté il y a trop longtemps. Elle cache son visage avec sa main et pleure en silence, car elle comprend à ce moment précis qu'elle n'a plus de pays. Le Canada n'a jamais été pour elle qu'une deuxième maison, un pays qu'elle aime, oui, mais un pays qui n'est pas le sien. Cette Ayiti chérie de son enfance a grandi sans elle et sa terre natale ne la reconnaît plus comme une de ses filles.

Jeannette, qui a tout compris, s'approche pour la consoler. Elle lui caresse le dos puis lui enserre les épaules.

— La vie est ainsi faite, Rose. On vieillit et elle nous éloigne de certains de nos amis, parfois même de notre pays. Mais l'eau continue de couler sous les ponts... Il y a un chanteur qui disait que le monde et les temps changent, et souvent cela se fait sans qu'on s'en aperçoive.

Madame Soleil essuie ses yeux avec la manche de sa robe puis sourit tristement à l'adolescent.

— Comment t'appelles-tu, jeune homme ? demande-t-elle en le regardant comme si c'était son fils.

— Dominique, répond l'adolescent. Dominique Jean.

Jonas et Jade se présentent et lui tendent la main, suivis de Jeannette et de Jack dont la main moite mouille celle du jeune Haïtien.

— Notre père s'appelle Jean, lui aussi, dit Jonas. Mais lui, c'est son prénom.

— Qu'est-ce que tu fais dans la vie, Dominique ? ajoute Madame Soleil.

— Ce serait plutôt à moi de vous demander ce que vous faites ici. Ce n'est pas la meilleure période pour le tourisme en Haïti, vous savez. Il n'y a pratiquement pas d'hôtels, la mer est sale et les routes sont pour la plupart défoncées.

Jade s'approche de lui et baisse les yeux, intimidée par la beauté de ce garçon dont les yeux noirs et bridés se posent sur elle avec une douce intensité.

— On n'est pas des touristes, dit-elle. On a perdu nos parents et notre petite sœur, et on est ici pour les retrouver.

Devant son visage interrogateur, Jonas lui explique toute l'histoire, appuyé par les autres qui confirment, par des signes de tête, que ce qu'il raconte est la vérité. Dominique l'écoute sans broncher, les mains sur le ventre. À la fin du récit, une larme s'échappe de son œil vitreux. C'est qu'il a perdu ses parents, lui aussi, il y a longtemps déjà, pendant le coup d'État orchestré par un général qui avait un grand menton et que tout le monde détestait. Plusieurs personnes ont été assassinées à cette époque, et il arrivait qu'on les retrouve au petit matin à un coin de rue, étendus sur le trottoir comme s'ils dormaient dans une drôle de position. Dominique ne se rappelle pas tous les détails, il était trop petit, mais on les lui a racontés, pour qu'il n'oublie jamais que ce pays lui a pris ses parents. Ils sont enterrés au pied d'un morne. Chaque année, Dominique, qui vit maintenant avec son oncle, va déposer de nouvelles pierres sur leurs tombes.

— Venez ! finit-il par ordonner. Il faut partir d'ici car dans peu de temps les fusils vont se mettre à claquer, et je ne voudrais pas qu'une balle perdue vous atteigne.

Comme pour lui répondre, une mitraillette crache aussitôt ses morceaux de métal, lançant ainsi un dialogue d'armes à feu que le rara ne réussit pas à camoufler.

Chapitre 8

Une fleur du printemps que l'été a asséchée

Dominique guide ses nouveaux amis dans le dédale des rues de Port-au-Prince. Nulle part le groupe ne passe inaperçu, et les jumeaux sont de plus en plus inquiets. C'est qu'ils ont l'impression de s'enfoncer dans un quartier dont ils ne pourront jamais s'échapper s'ils doivent fuir. Dans des rues qui ressemblent davantage à des fossés, ils déambulent entre des maisons faites de rien, un bout de tôle ici, un panneau de bois usé là. Jonas se demande comment elles réussissent à tenir debout.

Au centre d'un carrefour, un homme dirige la circulation même s'il n'y a aucune voiture.

— C'est Édouard, dit Dominique. Il ne faut pas faire attention à lui, il est devenu fou quand il a perdu son fils il y a deux ans. Depuis, il s'installe ici tous les matins et siffle comme ça après les gens pour leur dire quand traverser la rue et par où s'en aller.

L'homme s'approche de Madame Soleil et lui siffle effectivement dans les oreilles.

— *Toi, Maman, tu vas au marché, c'est ça ? Le marché, c'est par là. Par là, Maman. Tu as de bien drôles d'enfants, Maman,* ajoute-t-il en désignant les jumeaux. *Ils sont blancs comme le lait, mais je t'en prendrais bien un si tu veux. Le garçon… Eh, petit !* crie-t-il à Jonas. *Viens ici !*

Jonas regarde Dominique qui lui fait signe de poursuivre son chemin sans s'occuper d'Édouard.

— *Viens ici, j'te dis !* insiste l'homme.

— *Laisse-nous !* intervient Madame Soleil en se collant sur Jonas. *On n'a rien pour toi, va-t'en !*

— *Eh ! Le marché, c'est par là, Maman,* reprend Édouard en retournant au centre du carrefour. *Par là, là-bas, à deux rues à droite.*

Les bras dans les airs, il se remet à siffler comme s'il ne s'était rien passé. Dominique annonce à ses amis que sa maison n'est pas loin et leur demande de presser le pas. Jade ne se fait pas prier, car elle n'est pas rassurée. De quoi a-t-elle peur ? Elle ne le sait pas, mais il y a dans l'air quelque chose de menaçant. Elle a l'impression que tous ces gens qui les regardent passer leur en veulent. Même ceux qui sourient semblent se moquer d'eux. Les autres restent de glace, l'œil sévère, comme si la vie les avait quittés et qu'ils n'étaient plus que des fantômes.

Avec son toit de tôle et ses murs de planches rafistolées, la maison de Dominique Jean ressemble à toutes les autres. La porte s'ouvre sur une pièce unique. Dans un coin, quelques seaux pour aller chercher l'eau quand il y en a et un évier sur pattes dont le renvoi se jette dans la cour remplie de déchets. De l'autre côté, deux matelas défoncés posés à même le sol de terre battue. Finalement, une table et deux chaises. Sur la table, un poste de radio. Au plafond, une ampoule pend au bout d'un fil électrique.

— Ton oncle est pas là ? remarque Jade.

— Le jeudi, il travaille pour une famille de Pétionville.

— C'est quoi, son travail ? demande Jonas.

— Il tond la pelouse, répare les clôtures, les tuyaux qui fuient… n'importe quoi, en fait.

De l'extérieur, Madame Soleil, Jeannette et Jack ont bien vu qu'il n'y avait pas de place pour tout le monde dans cette maison. Mais la curiosité des voisins à leur égard les pousse vers l'intérieur où ils se tassent autour de la table. Jade s'éloigne de Jack qui empeste encore plus que tout à l'heure.

— Alors, qu'est-ce qu'on fait ? demande Jonas.

— On réfléchit, répond Jack, une main sur son menton.

— À quoi ? s'énerve Jade à son tour. Nos parents sont ici, quelque part. Il faut se dégourdir et agir !

— Calme-toi, lui dit Jeannette. On doit établir un plan.

— Ta grand-mère a raison, approuve Madame Soleil. Il faut d'abord essayer de savoir ce qui leur est arrivé.

— Ce n'est pas si difficile à deviner... lance Dominique.

— Qu'est-ce que tu veux dire ? demande Jonas, inquiet.

Dominique baisse les yeux pour leur raconter les événements des derniers mois. Il leur parle surtout de cette nouvelle mode chez les gangs armés qui contrôlent la ville, celle des enlèvements.

— Des enlèvements ? répète Jonas.

— Oui… les bandits ont compris qu'ils pouvaient faire beaucoup d'argent en enlevant les gens et en exigeant une rançon pour leur libération. Évidemment, plus ceux qu'ils enlèvent sont riches, plus la rançon est élevée. Et comme les étrangers blancs qui se trimbalent par ici sont habituellement plus riches que la plupart des Haïtiens, ils deviennent des cibles intéressantes pour les bandes criminelles.

— Tu veux dire que nos parents auraient été… kidnappés ? s'emporte Jade.

Dominique ne peut pas en être certain, mais tout porte à croire que c'est ce qui s'est passé. Madame Soleil s'assoit pour encaisser le choc, car c'est bien ce qu'elle craint, elle aussi. Jeannette se laisse tomber sur l'autre chaise de la maison pendant que Jack continue de se masser le menton en alignant une série de « Ouais, ouais, ouais, ouais… » Ceux-ci finissent par énerver Madame Soleil qui lui demande de se la fermer.

— Alors on va payer et le problème sera réglé ! lance Jonas dans un élan d'enthousiasme.

— Payer avec quoi ? On n'est pas si riches que ça, tu sais, lui signale sa grand-mère.

— J'ai des économies, et Jade aussi.

Madame Soleil sourit.

— Ça va te prendre pas mal plus que de l'argent de poche, mon garçon, dit-elle. Ces gens-là ont l'habitude de demander des milliers de dollars en échange de la libération de leurs otages.

— Des milliers de dollars ? répète Jonas en s'assoyant sur un des deux lits, complètement démoralisé.

— Mais c'est impossible ! s'écrie Jade. Ils savent bien qu'on n'a pas autant d'argent.

Le découragement finit par les gagner et le silence s'abat sur la pièce. Jeannette sort un mouchoir de sa manche pour essuyer les larmes qui coulent sur ses joues. Madame Soleil et Jack l'entourent aussitôt, incapables cependant de trouver les mots pour la rassurer. Dominique s'appuie sur l'évier et pose son regard sur la photographie de sa mère que son oncle a épinglée près du petit miroir mural.

Le temps vient de s'arrêter dans cette maison de Port-au-Prince. Dehors, des enfants crient en se lançant un ballon percé, comme si le reste ne les concernait pas. Le soleil brûle leurs cheveux frisés. Pour eux, les jours sont tous pareils. Le soleil brille, leurs ventres presque vides gargouillent, ils frappent un ballon percé...

Sortant de sa torpeur, Jonas bondit.

— On va les retrouver ! annonce-t-il. Il faut qu'on les retrouve.

— Oui ! approuve Jade. Dominique, ajoute-t-elle sans réussir à dissimuler le trouble que le garçon lui procure, y a que toi qui peux nous aider.

Dominique ne bronche pas, perdu dans sa propre tristesse.

— Tu peux pas nous lâcher, ajoute Jade pour le convaincre.

— Laisse-le, intervient Jeannette. Il en a déjà fait beaucoup pour nous.

Jade s'approche de Dominique et regarde à son tour la photo de sa mère.

— C'est ta mère ? Elle était belle, dit-elle.

Dominique acquiesce de la tête.

— C'était une fleur du printemps que l'été a asséchée, souffle-t-il sans quitter la photographie des yeux. C'est mon oncle qui dit ça. Tous les jours, il dit ça : « Ta mère, c'était une fleur du printemps que l'été a asséchée. »

Puis il se tourne vers Jade et lui sourit tendrement. Elle ne sait plus quoi dire et reste silencieuse devant lui. Elle aurait envie d'embrasser ses joues rondes pour le consoler. Elle lui prend plutôt la main, ce qui fait rougir Jonas de colère sans qu'il comprenne trop pourquoi.

— Aide-moi à retrouver ma mère, Dominique, dit Jade.

Dominique regarde Jonas, puis Jeannette, puis Jack, et enfin Madame Soleil. Il se demande tout à coup comment ces gens qu'il ne connaît pas ont abouti dans sa maison. Pourquoi les a-t-il conduits ici, chez lui ? Pourquoi ne les a-t-il pas laissés se débrouiller avec les danseurs du rara ? Et pourquoi se sent-il concerné par leur histoire ? Il ne trouve pas de réponse à ses questions, et il se dit que c'est peut-être sa mère qui, de là où elle est, lui souffle à l'oreille ce qu'il doit faire.

— C'est bon, dit-il, je vais vous aider.

Jade sourit pendant que Jonas essaie de se donner une contenance derrière elle, gêné de se découvrir jaloux des élans de sa sœur pour ce jeune Haïtien.

— Mais nous avons deux problèmes à régler avant de partir, ajoute Dominique.

— Lesquels ? s'inquiète Jade.

— D'abord votre couleur... nous ne pourrons aller nulle part sans nous faire remarquer à cause de votre couleur de peau. Et puis, il y a la langue. Ce sera difficile pour vous de fonctionner si vous ne parlez pas créole.

— Ça, c'est mon département ! lance Madame Soleil en bondissant de sa chaise, ce qui fait sursauter Jack et Jeannette. Attention, mes cocos ! Ça va brasser.

Chapitre 9

Trop de gens implorent les esprits

Jade, Jonas et leur grand-mère sont prêts pour l'opération. Avec les autres, ils ont poussé la table et se sont serrés les uns contre les autres au centre de la pièce. Ne reste plus que Jack à convaincre. Buté, celui-ci s'est étendu sur un des deux matelas avant de croiser les bras sur sa poitrine et de fermer les yeux.

— Non, non et non, répète-t-il à Madame Soleil qui ne sait plus quoi inventer pour qu'il accepte de collaborer.

Son plan est pourtant simple : elle rallume son cigare, appelle les esprits qu'elle a l'habitude de fréquenter, puis change la couleur de la peau de ses quatre amis pour qu'ils puissent passer inaperçus dans les rues de la ville.

— Et si tu nous disais pourquoi tu ne veux pas devenir noir, hein ? finit-elle par demander. Est-ce que tu serais raciste par hasard, monsieur Jack Poissant ?

Offusqué, Jack se redresse.

— Moi, raciste ? Jamais de la vie ! Au contraire, j'ai toujours combattu cette idée saugrenue. Et puis c'est quoi cette histoire de races ? Y en a qu'une, de race, et c'est la race humaine, voilà tout. Les différentes couleurs de peau, ça la rend juste plus jolie. S'il fallait qu'on soit tous pareils, ce serait drôlement ennuyeux.

— Alors pourquoi refuses-tu de te joindre aux autres pour que je vous transforme ? demande Madame Soleil, exaspérée.

— À cause de la trompette, répond Jack.

— Quelle trompette ? demande Jonas.

— Celle de mon grand-père.

— Quel grand-père ? poursuit le garçon.

— Mon grand-père paternel.

— Depuis quand les personnages de bandes dessinées ont-ils des grands-parents ? souligne Jade.

— Eh bien oui, tu sauras ! J'ai eu des grands-parents, qui habitaient dans leur propre livre.

— C'est trop *cool* ! Je veux le voir ! s'excite Jade.

— J'aimerais bien, moi aussi, répond Jack avec tristesse, mais il n'en reste aucun exemplaire. Ce livre était trop vieux, trop abîmé... Quelqu'un l'a jeté aux ordures.

— Et qu'est-ce que ton grand-père paternel a à voir avec tout ça, veux-tu me dire ? souffle Madame Soleil qui n'y comprend plus rien.

— Il avait soixante-quinze ans. Un soir, il rentrait chez lui avec sa trompette. Il jouait au Blue Note, un bar de jazz du bas de la ville. Quand il a traversé le parc devant chez lui, des voyous l'ont attaqué. Ils l'ont battu tant et tellement qu'il est mort trois jours plus tard à l'hôpital.

— Et cette histoire était dans son livre ? l'interroge Jonas.

— C'en était le dernier chapitre, oui.

Plus personne n'ose parler. Madame Soleil attend la suite, mais la suite, Jack n'arrive pas à la raconter parce que sa gorge s'est nouée. Elle s'approche de lui et lui prend la main.

— Ils l'ont battu pour lui voler sa trompette, c'est ça ? dit-elle pour l'aider.

Jack fait non de la tête.

— En fait, ils n'ont même pas touché à son instrument. Ils l'ont roué de coups, à son âge, vous vous imaginez... juste parce qu'il était noir.

La révélation surprend tout le monde, même Dominique qui hausse les sourcils en signe d'incrédulité. Jade et Jonas se regardent, puis Jonas rejoint Madame Soleil auprès de Jack.

— Tu veux dire que ton grand-père était noir ? dit-il.

Jack se racle la gorge et lui raconte en quelques mots la vie de ce grand-père né aux États-Unis de descendants d'esclaves africains. Il s'appelait Josua Fisher, a passé sa jeunesse à Chicago, a appris la musique dans la rue et s'est exilé au Québec à vingt ans. Quand il s'est aperçu que les gens parlaient français dans ce coin de l'Amérique, Josua Fisher s'est lui-même rebaptisé Joseph Poissant. Il s'est marié avec une Québécoise et c'est ainsi que la lignée des Poissant a pris naissance.

— Et pourquoi t'es pas noir toi-même, alors ? s'interroge Jonas.

— Mon père était mulâtre et il a marié une Blanche. Voilà ce que ça donne, conclut-il en se désignant lui-même d'un geste de la main. Et je ne veux pas devenir noir parce que je ne veux pas que des voyous me sautent dessus et me donnent une raclée.

— Mais ici, Jack, on ne bat pas les gens parce qu'ils sont noirs, lui dit Dominique. Tout le monde est noir !

— C'est une question purement pratique, ajoute Madame Soleil, comme si tu allais enfiler un costume de camouflage.

Jack soupire et finit par se résigner. Il se lève et rejoint les autres au centre de la pièce. Dominique recule d'un pas puis regarde Madame Soleil sortir son bout de cigare de la poche de sa robe. Déjà elle s'est mise à danser, et quand elle allume le cigare, il comprend vite à qui il a affaire. Il la voit tourner autour des autres en chantant pendant que la fumée envahit tranquillement la pièce et il entend les tambours rara dans sa tête. Il sait que les esprits sont là, au-dessus de la maison, et que Madame Soleil les convaincra de descendre pour donner à ces étrangers l'apparence des Haïtiens.

Le nuage de fumée s'épaissit alors que Madame Soleil imite les caquètements d'une poule, le cigare à la bouche et les mains sur les hanches. Son corps rond semble voler tellement elle est emportée par sa danse. Dominique la suit des yeux et il se dit que son oncle ne serait pas d'accord avec ce qui se passe présentement dans sa maison. Il n'a jamais aimé la magie, parce qu'il croit que c'est un peu à cause d'elle si Haïti ne réussit pas à s'en sortir. Trop de gens implorent les esprits, et ceux-ci n'ont pas le temps de se reposer. Alors ils font des bêtises et le pays reste enlisé dans la guerre et la pauvreté. C'est ce qu'il dit, l'oncle de Dominique. Et aveuglé par le nuage de fumée bleue, Dominique pense qu'il a sans doute raison.

Même s'il ne voit plus rien, il entend Madame Soleil chanter une chanson qu'il ne connaît pas, avec des mots d'une langue qui n'est pas la sienne, une sorte de dialecte ancien, probablement rapporté d'Afrique. Et quand la fumée finit par se dissiper, il découvre Madame Soleil affalée sur sa chaise, visiblement épuisée.

Jack, Jeannette et les jumeaux se tiennent debout, immobiles, les yeux fermés. Ils attendent que Madame Soleil leur dise que c'est terminé. Mais celle-ci demeure silencieuse. Elle éponge son front avec la manche de sa robe et tente de reprendre son souffle. Quand elle y parvient, elle fixe Dominique droit dans les yeux comme si elle espérait qu'il lui signifie son approbation. Car ils savent tous les deux que ce qu'elle vient de faire était risqué, que les esprits auraient pu se fâcher et que toutes sortes de choses auraient pu se produire. Dominique regarde ses nouveaux amis puis sourit à Madame Soleil. Elle lui rend son sourire, se lève et s'approche des autres.

—*Je vous préviens*, dit-elle en créole pour s'assurer que le sort a bien fonctionné, ça va vous surprendre. *On ne change pas de couleur de peau sans subir un certain choc. Vous pouvez ouvrir les yeux maintenant*, ajoute-t-elle.

Surpris de comprendre les mots de cette langue qui leur était étrangère jusque-là, Jade et Jonas s'exécutent, et leur première réaction consiste à pouffer de rire en se découvrant l'un l'autre de nouveaux traits.

— *Tu ressembles à Dominique*, dit Jade à Jonas, qui n'est pas sûr d'apprécier le rapprochement.

— *Et toi aux petites filles qui jouent dans la rue*, remarque-t-il dans un créole à peine teinté de l'accent québécois.

Jack ouvre les yeux puis examine ses mains dont la peau brune est rose à l'intérieur. Jeannette l'imite puis se dirige vers le petit miroir mural. Pas déconcertée pour deux sous, elle se trouve plutôt jolie avec ses cheveux frisés et son nez légèrement aplati.

Les jumeaux la rejoignent pour se regarder à leur tour dans le miroir. Ils ne sont pas déçus de leur apparence, convaincus qu'ils sauront dorénavant se glisser dans la foule sans que personne les montre du doigt.

Jack, quant à lui, n'a pas cessé d'étudier ses mains. Il n'ose pas approcher du miroir, de peur d'y découvrir le visage de son grand-père. Il faudra que Madame Soleil le pousse pour qu'il finisse par se regarder, et il se rendra compte qu'il a son propre visage, différent de tous les autres, différent surtout de celui de son grand-père, et cela le détend.

— Je suis moi, dit-il, surpris.

— Qu'est-ce que tu croyais ? s'esclaffe Madame Soleil. Vous êtes toujours les mêmes. Seule la couleur de votre peau a changé. Et vous parlez un créole tout à fait compréhensible.

Jack et les jumeaux se dévisagent puis se sourient en essayant de se convaincre qu'il ne s'agit que d'un jeu…

Chapitre 10

Tu poses trop de questions

En marchant dans la rue, Jade et Jonas voient tout de suite la différence puisque plus personne ne semble s'intéresser à eux. Parce qu'ils peuvent comprendre et parler la langue du pays, ils se sentent moins vulnérables et gagnent en assurance. Dominique a pris la tête du cortège, en route vers Cité Soleil, le quartier le plus dangereux de la ville. Les jumeaux sont impressionnés par le nombre d'enfants qui les entourent, comme si ce pays était une grande cour d'école. Il y en a dans toutes les rues et de tous les âges, souvent vêtus d'un vieux t-shirt et d'un short décousu, toujours nu-pieds. Les filles portent parfois une jupe ou une robe défraîchie. Celles qui vont à l'école sont plus coquettes. On les reconnaît de loin avec leurs uniformes bleu ciel et leurs souliers vernis.

Entre deux pâtés de maisons, des garçons soulèvent la poussière d'un terrain vague en frappant un ballon de soccer. Jade aimerait bien se joindre à eux, le temps d'une partie. C'est qu'ils ont du talent, ça se voit, et elle se dit qu'elle pourrait sans doute apprendre de nouveaux trucs.

Parce qu'ils ont ralenti le pas devant ce terrain de soccer improvisé, les jumeaux ne se rendent pas compte que les autres continuent d'avancer et empruntent une rue transversale. Un grand gars dribble comme un professionnel. Les joueurs adverses tentent sans succès de lui soutirer le ballon. Il est trop fort ! Jonas aimerait bien l'avoir dans son équipe. Avec lui, ils remporteraient le championnat de la ligue sans difficulté.

Après toute une série de feintes impressionnantes, le gars décide de dégager le ballon qui vole haut dans les airs puis bondit en touche jusqu'aux pieds de

Jade. Pour le lui rendre, elle le botte avec aplomb. Étonné par la force de son coup de pied, le garçon court vers elle.

— *Vous voulez jouer ?* propose-t-il aux jumeaux qui se regardent en souriant.

— *Malheureusement, on est pressés,* répond Jade. *Tu es très bon, tu sais,* ajoute-t-elle avec un éclair d'admiration dans le regard.

— *De quelle ville vous venez ?* demande le garçon. *Vous avez un drôle d'accent.*

Jade et Jonas ne savent pas quoi répondre. Ils imaginent la tête qu'il ferait s'ils lui racontaient qu'ils viennent du Québec, qu'ils sont venus ici sans trop savoir comment et qu'en réalité ils ont la peau blanche. Le garçon les traiterait de fous, ça, c'est certain. Ils se contentent donc de sourire. Sans savoir quoi penser de ces deux drôles d'enfants, l'autre sourit aussi.

Dans un élan de lucidité, Jonas se retourne pour voir sa grand-mère et ses amis et s'aperçoit qu'ils les ont perdus. Il agrippe le bras de sa sœur.

— Viens ! Ils sont plus là.

Jade court derrière lui.

— *Attendez !* lance le garçon. *Vous êtes certains que vous ne voulez pas faire une partie ?*

Les jumeaux s'arrêtent, le saluent de la main et lui crient qu'ils reviendront peut-être plus tard avant de filer vers le carrefour le plus près. S'immobilisant au centre du chemin, ils cherchent du regard la robe vert fluo de leur grand-mère et celle, tout aussi audacieuse, de Madame Soleil. Il y a bien du vert et du jaune un peu partout, sur les affiches des boutiques et les vêtements de ceux qui déambulent en bordure de la route, mais pas de Jeannette ni de Madame Soleil.

— Jack ! Dominique ! hurle Jonas en tournant sur lui-même.

Un homme, visiblement saoul, l'entend crier. Il boite vers eux, s'arrête à deux pas et les dévisage intensément. Ses yeux rouges paraissent éteints et un filet de morve blanche coule de son nez aplati. Il porte une chemise ouverte sur sa poitrine où apparaît une cicatrice à peine guérie.

— *Z'amis perdus ?* dit-il avec à la bouche une forte odeur d'alcool.

Les quelques dents qu'il lui reste sont noircies de caries et sa langue rouge pendouille comme un poisson mort sur sa lèvre inférieure.

— *Oui,* répond Jonas dans un réflexe. *On cherche notre grand-mère. Elle est avec une femme ronde qui porte une robe jaune.*

L'ivrogne se frotte le menton puis s'approche davantage. Un pansement taché de sang apparaît sous le col de sa chemise.

— *Une robe jaune...* dit-il sans quitter Jonas des yeux.

Jade recule d'un pas quand elle remarque que l'homme porte un revolver, coincé sous sa ceinture.

— Viens, Jonas, allons-nous-en ! dit-elle en attrapant la main de son frère.

— *Eh ! z'amis, je veux seulement vous aider,* dit l'homme en empoignant le bras de Jonas.

— *Merci, c'est gentil,* lui dit Jade, *mais ça va, on n'a pas besoin d'aide.*

L'homme la dévisage et, au bout d'un moment, il relâche son étreinte. Jade tire son frère un peu plus loin. L'homme baisse les yeux puis reprend son chemin en marmottant une phrase qu'ils ne comprennent pas.

Secoués parce qu'ils ont eu peur que ce vieil alcoolique leur fasse du mal, les jumeaux cherchent un coin d'ombre pour réfléchir. Mais le soleil est à son zénith et il est difficile de s'y soustraire. Jamais ils n'ont vécu sous une chaleur si accablante. Ils pourraient tordre leurs vêtements tellement ceux-ci sont trempés de sueur. Et la poussière soulevée par les passants leur décape la gorge comme du papier sablé. Si ça continue comme ça, ils vont mourir de soif et cuire sur place comme des poulets rôtis.

Portés par l'énergie, Jade, dont la nervosité a grimpé d'un cran, ils arpentent les rues avoisinantes jusqu'à ce que Jonas force sa sœur à se calmer.

— Quand les autres vont s'apercevoir qu'on n'est plus avec eux, ils vont revenir sur leurs pas. Alors il faut arrêter de bouger, rester ici et les attendre.

— Je suis certaine qu'ils sont partis par là ! dit Jade en indiquant un autre carrefour un peu plus loin.

— Comment peux-tu dire ça ?

Jade avance d'un pas, puis recule de deux. Son frère a raison, elle ne peut pas savoir où sont les autres. Elle est pourtant convaincue qu'ils ne sont pas loin…

— Là ! Là-bas, regarde ! s'excite-t-elle en apercevant enfin la robe vert fluo de leur grand-mère qui court vers eux, les bras dans les airs, avec Dominique, Jack et Madame Soleil à sa suite.

— Les enfants ! Les enfants ! hurle Jeannette.

Les jumeaux se précipitent vers elle et tout le monde les entoure, heureux de les avoir retrouvés. Jeannette les embrasse sur le front et Jack passe une main dans leurs cheveux crépus.

— Il ne faut pas faire ça, répète plusieurs fois Dominique sur un ton de reproche. Vous ne connaissez pas la ville et c'est dangereux. Surtout là où nous allons.

Les jumeaux promettent de ne plus s'éloigner, et lorsque le convoi se remet en route, ils s'installent de chaque côté de Dominique pour être certains qu'ils ne le perdront plus de vue.

— Au fait, demande Jade en se collant davantage à lui, où nous amènes-tu exactement ?

— Chez la seule personne que je connaisse qui pourra nous dire si vos parents ont été enlevés.

— Qui ça ?

Dominique la regarde sans sourire.

— Tu poses trop de questions, dit-il en fixant la route de nouveau.

Jade ne comprend pas pourquoi il lui répond aussi sèchement, lui qui semblait si gentil il y a encore quelques minutes. Elle se plante devant lui et le force à s'arrêter.

— Pourquoi me parles-tu sur ce ton ? demande-t-elle en fronçant les sourcils.

Dominique la défie du regard.

— Parce qu'ici, il y a des gens dont il vaut mieux ne pas prononcer le nom si on veut rester en vie. Et celui que nous allons rencontrer est un de ceux-là.

Chapitre 11

Bienvenue en enfer

Dominique devance les autres sur la route nationale numéro un, qui traverse Cité Soleil. Avec ses trois cent mille habitants, la « cité interdite » est le plus gros bidonville de la capitale d'Haïti. Ici, ce sont les bandes armées qui font la loi. Même la police ne patrouille plus. Surtout depuis qu'on a mis le feu au commissariat... Bien sûr, il n'y a pas que des bidonvilles en Haïti, mais plusieurs personnes croient que, tant qu'il y aura des quartiers aussi pauvres, la paix et la sécurité ne seront pas possibles dans ce pays.

Les jumeaux ne se doutent pas que cette route représente un danger mortel pour ceux qui s'y aventurent sans autorisation. C'est pourquoi Dominique décide de la quitter pour se diriger vers ce qui ressemble à un poste de contrôle.

— Attendez-moi ici, dit-il en se tournant vers les autres. Il faut que je voie si nous pouvons passer.

— Je t'accompagne, propose Jade. Les filles mettent souvent les garçons en confiance, ajoute-t-elle en apercevant l'adolescent qui semble responsable de la guérite.

— Si tu savais ce que ces garçons font parfois aux filles, tu ne te risquerais pas à leur parler, souligne Dominique. Ceux-là n'ont pas de sentiments, tu sais. On ne leur a jamais appris à aimer. La vie humaine ne vaut rien pour eux. Laisse-moi m'occuper de ça, conclut-il avant de traverser la rue.

Dominique salue le garçon de la main puis s'approche de lui. D'autres adolescents, cachés jusque-là dans la vieille maison qui fait office d'avant-poste, l'entourent aussitôt, une main sur leur carabine. De loin, les jumeaux voient leur ami gesticuler puis les montrer du doigt. Les autres discutent entre eux un moment puis Dominique fait signe à ses amis de le rejoindre.

— Je ne suis pas certain que ce soit une bonne idée de s'approcher, dit Jack. Tous ces fusils ne sont pas rassurants.

— Je suis d'accord avec vous, Jack, acquiesce Jeannette. Votre père ne serait pas fier de moi si je vous laissais aller là, ajoute-t-elle à l'intention des jumeaux.

Voyant qu'ils ne répondent pas à son appel, Dominique court vers eux.

— Qu'est-ce que vous attendez ? Venez !

— Tous ces jeunes ont des fusils… dit Jade. Tu crois pas que c'est dangereux ?

— Ils m'ont donné la permission de passer, et vous pouvez m'accompagner. Ils reçoivent leurs ordres directement de l'Amiral, ce qui veut dire que nous serons protégés. Venez avant qu'ils changent d'idée.

Les jumeaux se regardent puis attendent que leur grand-mère réagisse. Jeannette s'approche de Madame Soleil et lui demande son avis.

— Je ne reconnais pas mon pays, souffle cette dernière. Avant, ça ne se passait pas comme ça. Y avait un semblant d'ordre, des policiers partout. Ce n'était pas joyeux tous les jours, surtout à cause des tontons macoutes, des miliciens qui n'entendaient pas à rire, mais tout le monde savait à quoi s'en tenir... alors que là, avec tous ces enfants armés... Toutefois, je crois qu'on doit y aller, ajoute-t-elle. J'imagine que Dominique sait ce qu'il fait. Et c'est probablement notre seule chance de découvrir ce qui s'est passé avec vos parents.

Jeannette se tourne vers Jack dont les jambes ramollissent de plus en plus. Il n'est pas chaud à l'idée d'entrer là-dedans, dit-il en désignant Cité Soleil. Il aimerait bien que Dominique lui garantisse qu'ils pourront en sortir vivants. Dominique s'approche alors de Jack et lui révèle que celui qu'ils s'en vont rencontrer est l'un des chefs de l'organisation qui contrôle le quartier.

— Un bras droit de l'Amiral, précise-t-il.

Les jumeaux et leur grand-mère se consultent du regard puis annoncent qu'ils suivront Dominique. Madame Soleil ramasse le bas de sa robe, prête à y aller, elle aussi. Jack hésite encore. Il ne le dira pas, mais il a la trouille. S'il s'écoutait, il s'envolerait et irait se planquer quelque part, il ne sait pas où, à l'aéroport peut-être ou à l'ombre du Palais national, en tout cas loin de ce quartier pourri, de ce poste de garde et de ces enfants soldats.

— Va falloir venir avec nous, Jack, dit Madame Soleil. On ne peut pas te laisser seul ici. Tu risquerais de te faire maltraiter. Allez, viens !

Jack rechigne encore un peu puis finit par se résigner. Les jumeaux tentent de le rassurer, mais sans grande conviction puisqu'ils sont eux-mêmes inquiets de ce qui les attend.

Le groupe s'avance vers Ti Colèr, le chef des soldats, un garçon haut comme trois oranges dont la réputation de tueur s'est répandue comme une légende lugubre dans toute la ville. Tout près, d'autres enfants les regardent, l'œil mauvais. La plupart portent une arme en bandoulière. D'autres dissimulent un revolver sous leur pantalon kaki. Un peu plus loin, un autre réussit à peine à soulever sa mitraillette tellement il est chétif. Il ne doit pas avoir dix ans.

Ti Colèr s'approche de Jade et lui sourit d'une drôle de manière.

— *Tu es jolie, toi. Tu veux pas venir avec nous dans la maison ?*

Effrayée, Jade se colle à Jeannette.

— *C'est ma sœur,* dit Dominique, *et je ne pense pas que mon cousin serait heureux d'apprendre que vous lui avez fait du mal.*

Ti Colèr ne le croit qu'à moitié, mais il ne se risquerait pas à indisposer un des chefs de clans de la cité. Il se désintéresse aussitôt de Jade pour examiner Jonas.

— *Toi !* dit-il, menaçant. *Tu es avec nous ou contre nous ?*

Jonas jette un œil du côté de Dominique qui lui fait signe de répondre.

— *Je suis avec vous*, bégaie Jonas dont le front se couvre de sueur tellement il a peur.

Ti Colèr le dévisage longuement puis ordonne à ses subalternes de lui apporter un fusil. Un grand gars, maigre comme un fil de fer, court vers le poste de garde puis en ressort avec une carabine. Ti Colèr la lui arrache des mains, enclenche le chargeur puis appuie sur la détente, le canon pointé vers le ciel. Le coup les fait tous sursauter.

— *Tiens, c'est à toi,* dit Ti Colèr en appuyant la carabine contre la poitrine de Jonas qui ne sait pas comment réagir. *Prends-la !* ordonne l'enfant soldat. *Sinon, je te fais sauter la cervelle avec.*

Jonas obéit. C'est la première fois qu'il voit une carabine de si près, et quand Ti Colèr la lâche enfin, Jonas s'aperçoit que c'est plus lourd qu'il ne le croyait. Sa main droite caresse le bois lisse et usé de la crosse. Un drôle de sentiment l'envahit, comme si le seul fait de posséder une arme le rendait plus fort.

Jade regarde son frère d'un œil triste quand elle comprend qu'il prend du plaisir à tenir cette carabine. Elle n'aime pas l'image qu'elle voit, s'approche de Jonas et lui retire l'arme des mains.

— *On n'a pas besoin de ça !* dit-elle sur un ton déterminé en tendant le fusil à Ti Colèr qui ne bronche pas.

— *Te mêle pas de ça,* intervient Dominique en rendant le fusil à Jonas, qui le passe en bandoulière. *Excuse-la,* ajoute-t-il pour Ti Colèr qui n'a toujours pas bougé. *Elle est comme ça, ma sœur, toujours prête à contredire tout le monde. Fais pas attention à elle, elle ne sait pas qui tu es.*

Jade comprend que Dominique fait ça pour la sauver, qu'on ne contredit pas Ti Colèr, qui a tué des hommes et des femmes pour moins que ça. Le temps demeure suspendu, comme si tout le monde s'attendait au pire. Le soleil tape fort, des tourbillons de poussière soulevés par le vent roulent autour d'eux. Jack a tellement la trouille qu'il se demande s'il ne va pas s'évanouir. Jeannette voudrait intervenir, mais Madame Soleil la retient parce qu'elle sait que cela ne ferait qu'aggraver la situation.

Ti Colèr finit par avancer vers Jade. Il s'approche si près d'elle que personne d'autre ne pourrait passer entre eux. Il la fixe intensément, sans cligner des yeux. Jade soutient son regard un moment puis baisse la tête, intimidée. Heureux d'avoir remporté ce combat, Ti Colèr humecte ses lèvres gercées, s'approche de Jade encore davantage puis lui souffle à l'oreille.

— *Écoute bien parce que je ne le répéterai pas : comme t'es la cousine de Fredo, je te laisse une chance, mais si tu m'adresses la parole encore une fois, je te découpe en morceaux et te donne à manger aux chiens.*

Jade déglutit, prête à pleurer. Ti Colèr recule d'un pas, les regarde tous puis ordonne à ses hommes de les laisser passer. Les jumeaux et les autres se regroupent derrière Dominique puis entrent dans Cité Soleil presque à reculons, comme si une affiche à l'entrée venait de leur souhaiter la bienvenue en enfer.

Chapitre 12

T'es pas censé être un héros, toi ?

Ils n'ont pas fait cent mètres à travers la foule qu'une flaque d'eau verte aux origines douteuses a envahi la rue et les empêche de continuer. Dominique emprunte un détour entre deux rangées de maisons, qui ne sont en fait que des abris à peine plus grands que des cabanons. Des enfants courent autour d'eux, certains pataugent dans ces eaux glauques qui risquent de les rendre malades. Mais tous les adultes qui sont là restent indifférents. Trop pris par leur propre malheur peut-être. Toujours à se demander s'ils vont trouver quelque chose à se mettre sous la dent avant la tombée de la nuit.

Jade et Jonas sont choqués par ce qu'ils voient. Jamais ils n'auraient pensé que des gens pouvaient vivre dans des conditions si rudimentaires, sans eau et sans électricité, au milieu des déchets et des égouts à ciel ouvert.

— Je ne me sens pas bien, dit Jade, une main sur son nez.

Dominique lui tapote l'épaule.

— Tu dois rester forte.

— Ça n'a rien à voir avec la force, répond-elle un peu sèchement. Le cœur me lève, ça se contrôle pas.

Dominique la regarde du coin de l'œil puis lui sourit. C'est qu'il la trouve plutôt comique avec ses grands airs. Si elle savait tout ce qui se passe ici…

— Fredo, c'est ton vrai cousin ? demande-t-elle.

— Tu sais, on est tous un peu cousins ici. Son père était le demi-frère de ma mère. Il a été assassiné devant chez lui, un matin de novembre, il y a quelques années. C'est ce jour-là que Fredo a décidé d'entrer dans la bande de l'Amiral. Pour se venger, même si on n'a jamais su exactement qui a tué son père.

— Comment peut-il se venger alors ?

— Je crois que Fredo veut se venger de tout le monde, de la vie. C'est pour ça qu'il participe à toutes ces tueries. Pour se venger de la vie... Mets ça sur ton nez, ajoute-t-il en lui tendant un mouchoir.

Derrière eux, Jonas marche au pas, comme si la carabine qu'il tient en bandoulière l'avait déjà transformé en soldat. Il s'est vite aperçu que le regard des autres change quand vous portez une arme. Partout où il passe, personne n'ose le dévisager, comme si tout le monde avait peur de lui. Il n'a pas encore compris que seuls les amis de l'Amiral peuvent se promener armés dans ce coin du quartier, et que les amis de l'Amiral sont tous dangereux. D'abord parce qu'ils sont capables de tuer sans remords, mais aussi parce qu'ils sont justement des amis du despote le plus sanguinaire d'Haïti, qui n'hésiterait pas à faire raser toutes les maisons de la rue si quelqu'un osait s'en prendre à l'un de ses copains. Si Jonas pouvait entendre ce que ceux qu'il croise pensent de lui, il ne serait pas si fier.

Dominique leur annonce qu'ils approchent du quartier général de Fredo. Ils se réunissent au centre de la rue pour établir une stratégie. Jack n'a rien à proposer. Si fort et courageux d'habitude, c'est à peine s'il réussit à se tenir debout tellement tout cela le désarçonne. Il ne se reconnaît pas. Déjà que la chaleur suffocante lui donne mal au cœur…

Jonas est demeuré muet depuis qu'une arme lui alourdit l'épaule, ce qui ne lui ressemble pas et inquiète sa grand-mère. Elle n'aime pas le voir avec ce fusil autour du cou, surtout qu'elle a, elle aussi, l'impression qu'il y prend plaisir. Pourtant une arme, c'est aussi dangereux pour celui qui la porte que pour ceux qu'il menace, car cela veut dire que vous êtes prêt à vous battre et que les autres peuvent vous tirer dessus.

— Et si tu y allais sans nous ? suggère Jeannette à Dominique.

— C'est à Jonas que Ti Colèr a donné le fusil. C'est lui que Fredo écoutera, même si je suis son cousin. Ça ne fonctionne pas autrement ici. C'est celui qui a l'arme qui parle. Et c'est parce que Jonas exhibe fièrement cette arme que nous nous sommes rendus jusqu'ici. C'est notre passeport. En la voyant, les autres comprennent que nous sommes autorisés à circuler par le clan de l'Amiral. Or si nous vous laissons seuls dans la rue, sans Jonas pour dire aux autres avec sa carabine sur l'épaule que vous êtes protégés par l'Amiral, vous êtes cuits. Vous allez voir des fantômes sortir des maisons et se jeter sur vous pour vous dévorer.

— C'est d'accord, on y va ! s'énerve Jack, visiblement terrorisé.

Jonas s'approche de lui et le dévisage avec arrogance.

— Qu'est-ce que t'as ? dit-il. T'es pas censé être un héros ? C'est toi qui devrais nous guider, mais on dirait que t'es le plus peureux de nous tous !

— Jonas ! tonne Jeannette, choquée par le ton qu'il emploie pour s'adresser à Jack. Tu vas t'excuser tout de suite !

— Pourquoi je m'excuserais ? J'ai pas raison ?

Jeannette hésite. Bien sûr qu'il a raison. Jack n'est plus le même homme depuis que Madame Soleil l'a transformé.

— La question n'est pas là, finit-elle par dire. Excuse-toi.

— Ça va, laissez tomber, dit Jack en reculant d'un pas. Faut pas vous disputer à cause de moi. J'aurais pas dû venir avec vous. Je sais pas ce qui m'arrive. C'est comme si ce pays me vidait de mes pouvoirs. Je pense que c'est parce que je n'accepte pas tout ça, la pauvreté, la violence, l'injustice. Tout est trop... différent. J'en perds mes moyens. Je veux partir d'ici, je me sens inutile, impuissant, et j'ai l'impression de vous nuire. Je vais m'envoler et rentrer au Québec.

Dominique s'approche de lui et pose une main sur son épaule.

— Tu sais voler ? dit-il, étonné.

— Ouais, à moins que je n'aie plus ce pouvoir-là non plus... répond Jack.

— Ce n'est pas une bonne idée. Ici, il n'y a que les esprits qui savent voler. Alors si les soldats te voient passer comme ça au-dessus de leur tête, ils vont te prendre pour un possédé et ils vont t'abattre comme un pigeon sans sourciller. Je te le dis en ami, Jack, tu n'as aucune chance de sortir vivant de ce quartier sans Jonas à tes côtés. Nous non plus d'ailleurs, ajoute-t-il pour les autres.

Jack baisse les yeux et tape le sol du pied. Un nuage de poussière virevolte dans l'air avant de se dissiper.

— Alors finissons-en au plus tôt avec ce Fredo, dit-il.

— Et qu'est-ce qu'on va lui dire, à ton Fredo ? demande Jonas. Salut, Fred ! T'aurais pas vu nos parents par hasard ?

— Peut-être pas sur ce ton-là, répond Dominique, mais ce sera quelque chose du genre. Madame Soleil, je peux vous parler seul à seul ?

Ils s'éloignent du groupe tous les deux et discutent longuement d'un sujet qui semble les déchirer. En les regardant du coin de l'œil, Jade voit bien que Madame Soleil refuse d'accéder à une demande de Dominique. Sa tête fait non continuellement. Dominique insiste. Il indique le ciel puis Jonas qui vient de s'asseoir sur ses talons parce qu'il est fatigué. Au bout d'un moment, Madame Soleil se calme. Elle écoute Dominique attentivement puis répond à ce qu'il lui demande par un signe de tête positif. Une fois leur conversation terminée, ils reviennent vers les autres.

— On peut savoir de quoi vous avez parlé ? ose Jade.

Dominique et Madame Soleil évitent la question sans réussir à cacher leur malaise. Jade aimerait que Jonas ou Jeannette insiste, mais ils se contentent de les suivre vers le repaire de Fredo, comme si les petites cachotteries de leurs amis ne les dérangeaient pas. Et elle se dit que ce n'est peut-être pas une bonne idée de faire ainsi confiance à ces deux personnes qui, la veille encore, leur étaient inconnues.

Chapitre 13

Je vous préviens, je suis chatouilleuse

Le quartier général de Fredo ressemble aux autres maisons délabrées des alentours, sinon que celle-ci est entourée d'une clôture faite de piquets de bois liés avec de la broche et des bouts de fils électriques. Un jeune homme d'à peine quinze ans garde la porte de cette clôture, sa mitraillette appuyée contre sa cuisse. Ce gardien ne semble pas nerveux. Il sait qu'aucun ennemi ne peut se rendre jusqu'ici pour lui tirer dessus et attaquer la maison de Fredo. Les points de contrôle tout autour sont trop nombreux.

D'ailleurs, sans qu'ils le sachent, nos amis sont passés devant plusieurs de ces points de contrôle où des hommes munis de walkies-talkies, cachés derrière des portes entrouvertes, ont rapporté leur présence aux « autorités ». Ici, les autorités, ce n'est pas la police, mais la bande de l'Amiral. Aussi, quand les jumeaux et les autres se présentent devant le quartier général de Fredo, ils sont attendus.

— *Toi, viens par ici !* ordonne le gardien à Jonas qui hésite à s'avancer.

— Vas-y, lui dit Dominique. C'est toi notre chef maintenant.

Jonas regarde autour de lui. Il ajuste l'arme sur son épaule et marche vers le gardien.

— *Comment tu t'appelles ?* demande ce dernier avec dans les yeux toute la méchanceté du monde.

Jonas hésite. Il ne sait pas s'il doit dire son vrai prénom ou s'en inventer un nouveau. Et puis est-ce qu'il y a des Jonas en Haïti ? Il se tourne vers Dominique qui l'encourage à répondre.

— Jonas, finit-il par dire.

— *Qu'est-ce que tu fais ici ?*

— *On vient voir Fredo.*

— *Qui ça ?*

— *Fredo, le cousin de Dominique qui est là avec moi,* précise Jonas en espérant que cela jouera en leur faveur.

Le gardien jette un œil à Dominique puis revient à Jonas.

— *Tu as pris rendez-vous ?*

— *Je sais pas... il fallait ?*

L'autre le regarde avec dédain.

— *Qu'est-ce que tu crois ? Qu'on se présente ici comme ça, sans prévenir ? Le chef est un homme occupé et on ne le dérange pas pour rien.*

— *Mais je...*

— *Ta gueule !* crie le gardien, une main sur sa mitraillette. *Dis-moi plutôt ce que tu lui veux, à Fredo.*

— *Je veux... lui parler.*

— *Lui parler de quoi ?*

Jonas n'aime pas que ce type s'adresse à lui sur ce ton. Il avance d'un pas, écarte les pieds, passe une main sur la crosse de sa carabine et se racle la gorge.

— *Ça, c'est pas de tes affaires,* ose-t-il sans le quitter des yeux.

L'autre se raidit aussitôt. Il empoigne son arme et reste immobile un moment. Jade s'avance elle aussi quand elle voit le type fouiller la large poche de son pantalon kaki.

— *Viens, Jonas,* dit-elle en lui prenant le bras.

Son frère se dégage aussitôt. Il n'est pas question pour lui d'abdiquer.

— *Qu'est-ce que tu cherches ?* demande-t-il au garde qui lui sourit de ses dents noircies.

— *Ça !* répond-il en tirant un walkie-talkie de sa poche. *Si tu veux entrer, il faut que je t'annonce,* ajoute-t-il froidement.

Jonas serre les dents et secoue la tête comme pour lui donner l'ordre de s'exécuter.

— *Il y a un Jonas avec un drôle d'accent qui veut voir Fredo,* dit le garde dans l'appareil qui grinche.

Après quelques secondes, on lui ordonne de le laisser passer.

— *Mes amis viennent aussi,* dit Jonas aussitôt.

— *Il n'est pas seul,* précise le gardien dans la radio.

— ***Combien ?*** demande la voix à l'autre bout.

— *Six. Deux vieilles femmes, un drôle de type et trois jeunes.*

— ***Qu'est-ce que tu entends par « drôle de type » ?***

Le gardien examine Jack qui vient de lui tourner le dos.

— *Un demeuré, je crois bien.*

Personne n'ose le corriger, pas même Jack qui a déjà joué ce rôle de débile avec succès quand ils sont allés en Orientie l'an dernier.

— ***C'est bon, fais-les entrer.***

Le gardien range son appareil et ouvre la porte de la clôture. Jonas lui décoche un sourire arrogant en passant devant lui, suivi par les autres qui essaient plutôt d'éviter son regard de tueur.

— Tu joues avec le feu ! glisse Jeannette à l'oreille de son petit-fils. Fais attention !

Une allée de terre battue les conduit à l'entrée du bâtiment. Le mur de blocs de ciment s'élève sur deux étages. Jonas s'arrête au bout de l'allée puis attend que quelqu'un vienne ouvrir, ce qui ne tarde pas. Celui qui apparaît devant eux mesure près de deux mètres. Il doit pencher sa tête ronde comme une boule de quille pour passer la porte, et la main qu'il présente à

Jonas est si large qu'un ballon de soccer pourrait y tenir facilement.

— *Donne-moi ton fusil,* dit le géant. *Je te le rendrai quand tu sortiras.*

Déjà rassuré de savoir qu'il sortira de là, Jonas obéit. Il va pénétrer dans la maison quand le gorille l'arrête pour le fouiller.

— *Sécurité,* dit-il en le tapotant de bas en haut.

Les autres n'y échapperont pas. D'abord Jade, qu'il tâte avec application, même près de ses seins encore menus.

— *Faut pas te gêner, hein !* dit-elle en reculant.

— *C'est le règlement, petite,* dit le gros. *Allez, dégage,* ajoute-t-il avant de se jeter sur Jack qui se laisse fouiller sans bouger.

Vient ensuite le tour de Dominique, docile lui aussi, puis celui de Jeannette.

— *Tu ne vas pas mettre tes grosses pattes sur deux vieilles femmes, non ?*

— *Qui me dit que vous ne cachez pas une arme sous vos robes ?*

— *Moi, je te le dis, mon gars !* intervient Madame Soleil sur le ton de la réprimande.

Si personne ne t'a montré les bonnes manières, je vais t'apprendre, moi.

—*Du calme, Grand-mère. Si je ne te fouille pas, tu n'entres pas.*

—*C'est ça... On vous attend ici, les enfants,* dit-elle.

—Non ! s'énerve aussitôt Jeannette. *Allez-y, fouillez-moi si vous voulez. Mais je vous préviens, je suis chatouilleuse.*

Et effectivement, à peine le gros a-t-il posé les mains sur elle qu'elle gémit puis éclate d'un rire gras qui met les autres à la gêne. Surpris, le gardien fait ce qu'il a à faire rapidement puis la laisse passer.

—*Viens, Rose,* dit Jeannette. *C'est presque amusant.*

Madame Soleil se laisse convaincre et se soumet finalement aux mains professionnelles du géant.

—*Encore, encore !* glousse-t-elle pour se moquer de lui quand il veut s'arrêter.

—*Allez, entrez !* ordonne-t-il en la poussant dans la maison, avant de refermer la porte derrière elle.

Avec son salon et sa cuisine, le quartier général de Fredo ressemble à une maison privée. Ils sont étonnés de voir qu'il n'y a personne pour les accueillir et restent immobiles, à l'affût du moindre bruit. Après un moment, ils entendent des pas à l'étage. Quelqu'un se dirige vers l'escalier du fond puis descend les marches. C'est un soldat, plus vieux que les autres. Il vient vers eux sans sourire.

— *Jonas, c'est toi ?* dit-il à Dominique.

— *Non, c'est moi,* répond aussitôt Jonas en avançant d'un pas.

— *Et toi, qui es-tu ?* demande le soldat à Dominique.

— *Je suis le cousin de Fredo.*

— *Qu'est-ce que vous faites ici ?*

— *Ça te regarde pas...* commence Jonas sur le même ton arrogant, mais Dominique lui coupe la parole

— *Nous voulons parler à mon cousin,* dit-il simplement.

Le soldat les examine un long moment.

— *Vous, restez là !* ordonne-t-il aux autres. *Vous deux, venez.*

— *Moi aussi, je veux parler à Fredo,* intervient Jade en rejoignant son frère.

Jeannette n'aime visiblement pas ça. Elle veut s'interposer, mais Madame Soleil la retient. Le soldat guide Dominique et

les jumeaux vers l'escalier qui les mène dans un bureau sombre dont l'air est secoué par un bruyant ventilateur. Fredo est là, assis à une table entre deux autres hommes. Il se lève aussitôt qu'il les voit apparaître et se jette sur son cousin.

— Dominique ! dit-il en français. Je suis heureux de te voir !

Malgré son uniforme kaki et les tatouages qu'il arbore sur les avant-bras, Jonas trouve que ce gaillard a une bonne bouille. Son sourire sympathique et la blancheur de ses dents inspirent confiance. Pendant que Fredo étreint Dominique, Jonas aperçoit une grenade qui pend à sa ceinture. Une vraie grenade, comme dans les films de guerre, avec une goupille de métal blanc.

— Je te présente mes amis, Jade et Jonas, dit Dominique avec un clin d'œil étrange.

— Tes amis, oui... dit Fredo, qui les salue sans manières avant de serrer son cousin de nouveau.

— Tu n'es pas facile à trouver, dis donc ! lance Dominique.

— Ah ! Les affaires sont difficiles et la vie est dangereuse, tu sais. On ne prend jamais assez de précautions de nos jours. Où les as-tu dénichés, ces oiseaux-là ? ajoute-t-il en désignant les jumeaux.

— Ils étaient perdus au milieu du rara, devant le Palais national. Je les ai cueillis comme des fleurs prêtes à être coupées.

Les jumeaux ne reconnaissent plus Dominique. Son visage a changé tout à coup. Il les regarde d'un drôle d'air, avec dans les yeux une froideur malicieuse qui n'était pas là il y a trente secondes. Fredo s'étonne que les jumeaux aient suivi Dominique jusque dans son repaire.

— Comment tu as fait ? demande-t-il à son cousin.

— Un jeu d'enfant, je te jure. Je les ai sortis du rara et ils me suivent depuis ce temps-là. Des naïfs, je te dis pas ! ajoute Dominique pour provoquer les jumeaux.

Jade et Jonas le dévisagent avec colère. Ils ne peuvent pas croire que Dominique les ait trahis, qu'il les ait jetés volontairement dans la gueule du loup. Les voilà à la merci de ce Fredo inquiétant.

Attirée par Dominique depuis le premier regard qu'elle a posé sur lui, Jade est particulièrement secouée. Elle croyait s'être fait un nouvel ami, peut-être même un premier amoureux…

— Pourquoi tu fais ça ? lui crache-t-elle au visage. On avait confiance en toi. On était prêts à te suivre n'importe où. Mais t'es comme les autres, pire que les autres en fait, parce que je suis convaincue qu'y a plein de bonnes personnes dans ce pays. Des gens qui ne cherchent pas qu'à nuire ou à faire du mal. Je te déteste ! T'es qu'un…

— Ta gueule ! crie Fredo, menaçant.

Jade se tait, mais elle ne quitte pas Dominique des yeux pour qu'il comprenne tout le mépris qu'il lui inspire. Il soutient son regard sans broncher. Jonas, qui s'en méfiait depuis le début, voudrait lui sauter à la gorge pour l'étrangler tellement il est fâché contre lui. Mais tous ces hommes sont armés, et la lame d'une longue machette brille au centre de la table.

— Je dois te dire quelque chose d'important, Fredo, reprend Dominique d'une voix embarrassée.

— Quoi ? Qu'est-ce qu'il y a ? s'impatiente son cousin devant son hésitation.

— C'est que ces enfants ne sont pas haïtiens. Et pour tout te dire, cousin, ils ne sont même pas noirs.

Fredo le toise du coin de l'œil, intrigué.

— Qu'est-ce que tu veux dire par « ils ne sont pas noirs » ? s'amuse-t-il en se tournant vers ses deux compères qui n'ont pas bougé derrière la table. *Vous voyez des enfants blancs quelque part dans cette pièce, vous deux ?* demande-t-il en riant.

— *Des Blancs, ici, il n'en vient jamais !* répond l'un d'eux.

— *Et ceux qui se rendent jusqu'ici, c'est parce qu'on les a enlevés pour les rançonner,* ajoute l'autre entre ses dents cariées.

— Justement, dit Dominique. Les parents de ces deux-là ont été kidnappés ces derniers jours. Et si ces jeunes sont noirs aujourd'hui, c'est à cause de la sorcière.

— Quelle sorcière ? s'énerve Fredo. De quoi parles-tu ? Es-tu devenu fou ?

— La sorcière qui est en bas, Madame Soleil.

Fredo s'approche et l'agrippe par le col de son chandail.

— Tu veux dire qu'il y a présentement, dans ma maison, une sorcière capable de transformer des enfants blancs en enfants noirs ?

Dominique acquiesce timidement.

— Et tu ne vois pas le danger que ça représente de laisser entrer une femme comme ça ici ? Jure-moi que ces enfants ont déjà été blancs ! crie-t-il en le secouant.

— Je te le jure, Fredo, je te le jure.

Fredo le repousse et retourne s'asseoir à la table pour réfléchir.

— *Qu'est-ce qui se passe, patron ?* demande un de ses hommes. *Si ces enfants-là vous causent un problème, on a qu'à les éliminer, et la sorcière avec eux.*

— *Tu ne comprends pas, idiot !* vocifère Fredo. *On ne peut pas éliminer une sorcière. Si tu fais ça, les loas vont se rebeller contre nous et nous serons bons pour la morgue avant longtemps. Quand une sorcière se présente dans ta maison, tu dois la traiter avec tous les honneurs et faire tout ce qu'elle dit, tu comprends ? Tu comprends ?* répète-t-il plus fort.

— *Oui, patron.*

— Et toi, tu ne savais pas ça, tête de nœud ? ajoute-t-il à l'endroit de son cousin qui baisse les yeux.

— Je ne savais pas, non... Je voulais seulement t'aider. T'emmener ceux-là pour que tu puisses en tirer quelque chose, plaide-t-il en désignant les jumeaux.

— Traître ! lui lance Jade. Tu étais notre ami !

— Il n'y a pas d'amis dans ce pays, répond Dominique sans croiser son regard.

— *Ça suffit !* tranche Fredo, qui essaie de réfléchir à ce qu'il va faire de tout ça.

Il se lève et arpente la pièce en se massant le front. Il ne regarde personne, s'arrête parfois pour fixer le plafond puis reprend sa marche autour de la table et de ses acolytes. Il finit par ordonner à l'un de ses subalternes d'aller lui chercher une assiette de fruits frais et des boissons gazeuses.

— *Toi !* ajoute-t-il à l'intention de l'autre gardien. *Va dire à la sorcière que je vais la recevoir dans quelques minutes avec tous ses amis.* Vous, assoyez-vous ! commande-t-il aux jumeaux, qui n'osent pas lui désobéir. Et toi, dit-il à Dominique, disparais ! Je ne veux plus te voir ! Et la prochaine fois que tu voudras m'aider, va plutôt te jeter sous un tap-tap !

Dominique regarde les jumeaux une dernière fois et s'évapore dans l'escalier.

Chapitre 14

Une orange coupée en deux

Jade et Jonas n'ont pas répondu quand Fredo leur a demandé d'où ils venaient. Dans d'autres circonstances, il aurait trouvé le moyen de les faire parler, mais comme il ne veut pas indisposer la sorcière qui est en bas, il se contente de soupirer. Les mains croisées dans le dos, il déambule dans la pièce jusqu'à ce que le soldat arrive enfin avec son assiette de fruits frais et ses boissons gazeuses.

— *Tu en as mis du temps !* beugle Fredo.

— *Désolé, patron. Le marché est bondé à cette heure de la journée et j'ai dû faire la file.*

— *Depuis quand mes hommes font-ils la file au marché ?* s'insurge Fredo.

Le soldat dépose ses achats sur la table.

— *J'ai pensé qu'il serait préférable de ne pas attirer l'attention pour éviter les commérages. Les nouvelles vont si vite dans le quartier. Si jamais on apprenait qu'une sorcière s'est…*

— *C'est bon, c'est bon !* coupe Fredo. *Va me la chercher.*

— *Qui ça ?*

— *La sorcière, idiot !*

— *Oui, patron.*

Visiblement nerveux, Fredo passe une main dans ses cheveux crépus puis s'approche des jumeaux.

— Debout ! dit-il.

Ils obéissent aussitôt puis s'installent près du mur, comme au garde-à-vous, les bras le long du corps. Fredo s'assoit et dépose sa grenade sur la table, entre le plat de fruits et la machette, sans doute pour impressionner Madame Soleil quand elle va se présenter devant lui. La voilà justement qui apparaît dans l'escalier, essoufflée d'avoir monté dix marches, suivie de Jack et de Jeannette qui n'ont pas compris pourquoi Dominique est parti. Escortés par deux soldats, ils savent qu'ils ne doivent pas poser de questions et qu'il vaut mieux qu'ils accèdent sans rechigner aux demandes qui leur sont faites. On leur a dit : « En haut ! » et ils sont montés. Ils restent en retrait quand Madame Soleil s'avance vers la table pour faire face à Fredo.

— Je peux t'offrir une orange, une boisson gazeuse ? propose-t-il.

Madame Soleil refuse par un geste de la main.

— Comment tu t'appelles, Grand-mère ? demande-t-il avec brusquerie.

— On ne t'a pas appris à parler aux dames, jeune homme ? répond-elle sur le même ton. Comme je suis beaucoup plus âgée que toi, j'aimerais que tu me vouvoies.

Fredo semble contrarié, mais il demeure de glace, avachi sur sa chaise.

— Et si c'est possible, je voudrais m'asseoir. Avec tout le chemin parcouru pour venir jusqu'ici, mes jambes me font affreusement souffrir.

D'un signe de tête, Fredo ordonne à l'un de ses hommes d'offrir une chaise à Madame Soleil, qui s'assoit et croise les mains sur ses genoux. Jack et Jeannette forment un couple dépareillé derrière elle, comme s'ils étaient ses gardes du corps. Fredo les fixe un moment puis sourit à Madame Soleil.

— Ces deux-là, derrière, ce sont aussi des Blancs que vous avez noircis ? suppose-t-il.

Jack et Jeannette ne peuvent réprimer un sursaut de nervosité en entendant la question. Comment Fredo peut-il savoir ça ? Ils comprennent assez rapidement que ce ne peut être que parce que Dominique le lui a appris. Cela expliquerait du même coup la gêne du garçon quand il a quitté le repaire. Dominique, un traître ? Jeannette refuse d'y croire. Pourtant, ce que Madame Soleil dit à ce moment-là confirme ses soupçons.

— C'est Dominique qui t'a raconté ça ? Je me doutais bien que ce garçon n'était pas de notre côté. Et c'est parce qu'il a annoncé à Ti Colèr qu'il amenait des otages que tu nous as laissés entrer dans Cité Soleil, n'est-ce pas ?

Fredo se redresse sur sa chaise et croise les mains sur la table.

— Vous avez tout compris, Grand-mère. Qu'est-ce que vous croyez ? Qu'on peut venir discuter avec moi comme ça en passant ? Je fais des affaires, moi, madame.

— Pfff ! Des affaires ! se moque Madame Soleil. Du vol de grand chemin, oui. Pas des affaires ! Parce qu'il n'y a rien d'honnête dans ton entreprise.

Fredo se lève et s'approche de Madame Soleil, qui ne bronche pas malgré la colère qui perce le regard injecté de sang du soldat.

— L'honnêteté ! lance-t-il. Qu'est-ce que c'est que ça, l'honnêteté ? Il n'y a pas d'honnêteté ici, parce qu'il n'y a rien et que tout le monde se contente de survivre. On est comme des animaux, ici. Des chiens errants. Pris comme des rats. C'est pour ça qu'on se tient en bandes. Comme les rats. De quel pays vous venez pour ne pas savoir ça ? Si vous étiez d'ici, vous ne me parleriez pas comme ça. Vous comprendriez.

— J'aime pas les rats, siffle Madame Soleil. Ils me répugnent, les rats. Je préfère les fourmis.

— Les rouges, celles qui tuent ?

— Non, les autres, celles qui travaillent et s'entraident pour survivre. Car elles survivent, elles aussi, mais pas en se faisant du mal les unes aux autres.

Fredo la dévisage un moment comme s'il cherchait quoi répondre.

— Ici, il n'y a pas de fourmis, finit-il par dire, il n'y a que des rats. Partout, que des rats.

— C'est pour ça que je ne resterai pas dans ce pays qui a déjà été le mien et que je ne reconnais plus, dit Madame Soleil avec une larme au coin de l'œil. Parce que je vous aime trop, toi, eux, ajoute-t-elle en désignant les autres soldats présents dans la pièce, tous ces garçons qui portent aujourd'hui des fusils comme si c'étaient des jouets… Je vous aime trop pour être capable de vous regarder vous entretuer. J'ai de la peine pour vous, j'ai de la peine pour vos mères et vos sœurs, j'ai de la peine pour vos pères et vos frères, j'ai de la peine pour mon Ayiti chérie qui s'enlise dans la boue parce qu'il n'y a plus que des rats pour faire la loi.

— C'est ça, allez-vous-en ! se révolte Fredo. On ne vous retient pas ! Si vous êtes venue ici pour nous servir votre morale d'exilée, vaut mieux que vous retourniez chez vous. Car chez vous, ce n'est pas ici. On ne veut pas de vous ici. On n'en a rien à foutre de votre peine, vous saurez. Y a longtemps qu'on n'a plus de larmes, nous. *Tu as des larmes, toi ?* demande-t-il en pointant le doigt vers un de ses soldats.

Le soldat fait signe que non.

— *Et toi ? Et toi ?*

Ses soldats n'ont plus de larmes.

— Vous voyez ! ajoute-t-il en revenant vers Madame Soleil. Et quand tu n'as plus de larmes, qu'est-ce qu'il te reste ? Hein ? De la colère. C'est tout ce qu'il nous reste, de la colère. Alors gardez vos larmes pour vous et retournez d'où vous venez !

Madame Soleil demeure silencieuse pendant que Fredo essaie de reprendre ses esprits. Jack et Jeannette ont baissé les yeux et les jumeaux se sont collés l'un contre l'autre. Mal à l'aise, les soldats fixent le plancher en attendant la suite. Fredo se plante devant la seule fenêtre de la pièce, où un bout de tissu filtre la lumière du jour. Il écarte le rideau puis jette un œil à l'extérieur. Des cases de tôle s'emboîtent les unes dans les autres jusqu'à l'horizon. Il fait si chaud qu'on pourrait faire cuire un œuf sur les toitures tordues par le soleil. Fredo sait que Madame Soleil a raison, que ce pays ne s'en remettra jamais si les rats ne se transforment pas en fourmis, mais il ne voit pas comment ce changement pourra se produire. Le temps a laissé trop de cicatrices sur ce pays déconstruit pour que les gens gardent espoir et se remettent à croire à la vie.

— Je ne peux pas, dit Madame Soleil qui sort ainsi Fredo de sa réflexion.

— Vous ne pouvez pas quoi ?

— Partir, retourner chez moi. Je suis venue chercher des amis, les parents de ces enfants, précise-t-elle en montrant les jumeaux, le fils et la bru de cette femme, dit-elle encore en désignant Jeannette. Ils sont ici, quelque part, peut-être dans tes cachots, Fredo. Je ne partirai pas sans eux, tu m'entends ? Tu sais qui je suis et tout ce que je peux faire, ajoute-t-elle en se levant. D'un seul souffle, je peux détruire ta maison ou rendre tes hommes malades. Les loas sont avec moi, là, assoupis dans mon corps, et ils attendent que je les réveille. Dominique ne t'a pas menti, tous ceux qui sont ici avec moi sont blancs, alors que tu les vois noirs comme tes frères et tes sœurs haïtiens. Peut-être voudrais-tu devenir blanc, Fredo, là, tout de suite, menace-t-elle, une main dans les airs. Imagine la réaction de tes soldats et de ton chef, l'Amiral. Que deviendrais-tu dans la peau d'un Blanc aujourd'hui, Fredo ? Probablement une cible pour tes amis comme pour tes ennemis. On te kidnapperait, on te torturerait parce qu'on ne pourrait pas croire que tu es le grand Fredo, fier combattant noir de Cité Soleil, qu'une sorcière a délavé. Personne ne te croirait, mon garçon. Personne.

— Ça va, ça va, j'ai compris, s'impatiente Fredo en lui tournant le dos. Qu'est-ce que vous voulez ? De l'argent ?

— Tu ne m'écoutes pas ou quoi ? Je n'ai pas besoin d'argent. Tout ce qui m'intéresse, ce sont les parents de ces enfants.

— Mais je ne sais pas où ils sont, moi !

— Alors il va falloir que tu nous aides à les retrouver.

Fredo regarde ses hommes puis dévisage les jumeaux. Il empoigne la machette et, dans un geste brusque, en plante la pointe dans une orange, dont le jus se met à couler sur la lame effilée.

— Votre père, dit-il pour les jumeaux, comment il s'appelle ?

— Jean, répond Jonas. Jean Jolicœur.

Fredo revient vers ses hommes, retire l'orange du bout de la machette, la dépose sur la table et la coupe en deux d'un coup bien placé.

— *Allez voir si c'est quelqu'un de notre clan qui a mis la main sur ce Jolicœur,* ordonne-t-il à ses hommes qui disparaissent aussitôt dans l'escalier. Ne restez pas plantés là comme ça, ajoute-t-il pour les autres. Il y a des fruits et des boissons, allez-y, servez-vous.

Chapitre 15

La faiblesse des héros

Le temps s'est arrêté depuis que les soldats de Fredo sont partis. Les jumeaux ont mangé quelques fruits et bu une boisson gazeuse avant d'entourer leur grand-mère. Les choses ne vont pas assez vite à leur goût. Non seulement ils ne sont plus convaincus qu'ils retrouveront leurs parents et leur petite sœur, mais ils se demandent même s'ils réussiront à sortir de chez Fredo.

Assis dans un coin à même le plancher, Jack a l'impression qu'il va s'évanouir tellement la chaleur l'accable. La sueur coule en grosses gouttes sur ses tempes et au milieu de son dos, et l'odeur qu'il dégage devient lentement insupportable pour les autres. Ils se sont d'ailleurs tous éloignés de lui. Fredo a même tiré le rideau pour que la brise de l'après-midi vienne brasser l'air, mais ç'a été une erreur car une odeur d'égouts s'est aussitôt mêlée à celle de la transpiration de Jack pour former un mélange encore plus nauséabond.

Debout au centre de la pièce, Madame Soleil essuie son front avec un mouchoir de coton qu'elle porte ensuite à son nez pour en respirer la fine odeur de lavande. Dès qu'elle pose son regard dans les yeux de Fredo, celui-ci détourne la tête, fixe ses souliers ou se met à aiguiser la lame de sa machette avec une pierre spécialement taillée à cet effet.

Au bout d'un moment, Madame Soleil s'avance vers la fenêtre et scrute la mer de toits qui s'étale devant elle. Elle est née là, quelque part dans cette ville. Elle aimerait bien savoir où exactement, dans quelle rue de quel quartier, dans quelle pièce de quelle maison. Pour pouvoir y retourner et se revoir bébé, petite fille chauve aux cuisses potelées, venue au monde dans le brasier de l'Amérique où cuisent à petit feu des enfants qui ne sont coupables de rien et qu'on a quand même condamnés à la misère.

D'un geste de la main, elle demande aux jumeaux de la rejoindre.

— Regardez ! leur dit-elle. Ouvrez grand les yeux et enregistrez dans votre tête ces images de la ville où votre petite sœur est née. Les toits de tôle que le soleil liquéfie, la mer au loin, les couleurs, les odeurs… Car c'est vous qui pourrez lui raconter, plus tard, d'où elle vient. Elle aura tout oublié de son pays natal et elle ne s'en sentira pas plus mal. Mais un jour viendra où elle aura besoin qu'on lui raconte son histoire, et vous pourrez alors lui dire où tout ça a commencé. Et elle comprendra que son histoire est une belle histoire… une histoire qui lui appartient à elle seule, bien différente de l'histoire des petites filles qui, comme elle, seront nées ici, dans ce chaudron, et qui y auront grandi.

— Pour qu'on puisse lui raconter tout ça, il faudrait d'abord qu'on la retrouve, souffle Jade sur un ton de découragement.

Madame Soleil lui fait face et lui serre les épaules.

— Qu'est-ce que tu crois ? Bien sûr qu'on la retrouvera !

— Tout est si dangereux ici. Avec tous ces fusils partout...

— Peut-être que papa, maman et Juliette ont été bousculés, suppose Jonas.

— Et maltraités, renchérit Jade.

— Torturés, ajoute Jonas.

— Eh ! Oh ! On se calme ! les coupe Madame Soleil. Les idées noires, ça attire le mauvais sort. Les hommes de Fredo sont partis aux nouvelles. Attendons qu'ils reviennent avant d'émettre ce genre d'hypothèses.

Mais les jumeaux ne peuvent s'empêcher de penser au pire. Ils rejoignent leur grand-mère et se collent de nouveau à ses flancs. Inquiète elle aussi, elle les embrasse sur le front puis jette un coup d'œil du côté de Jack, qui s'est endormi à même le plancher, la tête appuyée sur son bras replié. Son visage s'est détendu, comme si le sommeil le soulageait d'un grand tracas.

Jade retient depuis trop longtemps déjà une envie de faire pipi. Aussi sera-t-elle surprise d'apprendre qu'il n'y a pas de toilettes dans la maison et que les soldats font habituellement leurs besoins dans un trou creusé au fond de la cour. Comme elle ne peut plus se retenir, c'est au-dessus de ce trou qu'elle se penchera en se pinçant le nez, protégée des regards indiscrets par la robe de Madame Soleil, tendue de chaque côté de la grosse femme comme les ailes d'un papillon. Jonas la suivra et il se dépêchera de faire ce qu'il a à faire en retenant sa respiration.

Quand ils rentrent dans la maison, ils entendent Jack qui, à l'étage, crie de le laisser tranquille. Jade et Jonas grimpent l'escalier en vitesse, suivis de Madame Soleil, moins rapide qu'eux, et ce qu'ils voient les apeure. Pendant que Jeannette ordonne à Jack de se calmer, Fredo le maintient au sol, face contre terre, les mains croisées dans le dos.

— Qu'est-ce qui se passe ici ? demande Madame Soleil avant même d'avoir gravi les dernières marches de l'escalier.

— Jack a fait un cauchemar, explique Jeannette, appuyée contre le mur et visiblement effrayée par le combat qui vient d'opposer Jack à Fredo.

— Je veux retrouver mon apparence normale et partir d'ici, dit Jack dont le souffle est coupé par le genou que Fredo appuie sur son dos.

— Laisse-le respirer, ordonne Madame Soleil à Fredo qui relâche la pression sur son genou.

Madame Soleil se penche sur Jack et lui caresse les cheveux.

— Raconte-moi tout, dit-elle de sa voix la plus douce.

Jack souffle pour que l'air entre à plein dans ses poumons.

— Ils étaient dix, quinze peut-être, des soldats avec leurs mitraillettes. Louba était là.

— Qui ça ?

— Louba, le chef de guerre aveugle de l'Orientie.

Madame Soleil se retourne vers les jumeaux qui confirment que ce Louba existe vraiment puisqu'ils l'ont rencontré lors de leur aventure dans le désert.

— Et Ti Colèr aussi. C'est lui qui donnait les ordres. Ils m'ont attaché les mains et les pieds et ils m'ont roulé dans le sable jusqu'à une estrade de bois.

— Où ça ? demande Madame Soleil.

— Je sais pas, là dehors, devant tout le monde. Ils m'ont lancé sur l'estrade comme si j'étais un vulgaire sac de sable et ils ont placé ma tête sur un billot. Et là, il est monté sur l'estrade.

— Qui ?

Jack déglutit puis regarde les jumeaux du coin de l'œil avant de répondre.

— Dominique. Il avait une machette à la main, aussi brillante que celle de Fredo, précise-t-il en louchant vers celui qui le maintient plaqué au sol. Il s'est approché de moi et il a dit…

Jack ferme les yeux, respire un bon coup.

— Qu'est-ce que Dominique a dit, Jack ?

— Il a dit…

Sa voix n'est plus qu'un souffle, à peine audible, et Madame Soleil est obligée de se pencher sur lui. Elle comprend que c'est parce que Jack ne veut pas que les jumeaux entendent la suite.

— Il a dit qu'il avait tué le bébé… puis il s'est mis à rire. Il a levé les bras dans le soleil brûlant, la lame de sa machette m'a lancé des éclats de lumière dans les yeux, puis il a crié qu'il allait me trancher la tête, à moi aussi.

Jack est à bout de souffle.

— Et puis ? demande Madame Soleil.

— Et puis rien… je me suis réveillé.

— Il s'est mis à crier qu'il voulait s'en aller, ajoute Fredo. Il a renversé la table. C'est à ce moment que je suis intervenu. Il m'a frappé. Il voulait tout détruire. Il fallait que j'emploie la force avant qu'il se jette par la fenêtre. Demandez à votre amie si vous ne me croyez pas.

Jeannette confirme la version de Fredo d'un signe de tête. Madame Soleil caresse les cheveux de Jack encore une fois. Elle demande à Fredo de le libérer et de les laisser seuls un instant. Fredo hésite, Madame Soleil insiste. Le soldat finit par obtempérer. Il se lève puis rejoint Jeannette et les jumeaux dans l'autre coin de la pièce.

— Ce n'était qu'un mauvais rêve, dit Madame Soleil à Jack qui s'est assis et a remonté ses genoux contre sa poitrine. C'est fini maintenant.

Jack enserre ses jambes et baisse les yeux parce qu'il a honte de ce qu'il va dire.

— Je veux m'en aller, retourner dans mon livre...

Madame Soleil lui prend la main.

— Mais tu es dans ton livre, Jack.

— C'est impossible ! objecte-t-il. Dans mon livre, je suis un héros et j'aide les autres à se sortir du pétrin. Mais ici, me voilà bon à rien. Je suis un boulet pour vous. Tous mes pouvoirs ont disparu. J'arrive même plus à faire rire les jumeaux.

Madame Soleil se rapproche davantage et le fixe dans les yeux.

— J'ai l'impression que cette histoire de couleur de peau t'a un peu déstabilisé parce qu'elle t'a fait revivre la fin tragique de ton grand-père. C'est normal dans ces circonstances que tu ne sois pas à l'aise. Mais on va avoir besoin de toi. Parce qu'on n'est pas encore sortis de ce merdier, tu comprends ? Alors tu dois te ressaisir et redevenir le Jack Poissant que les jumeaux ont connu en Orientie. Et pour t'aider, je connais un petit remontant... T'as confiance en moi, non ?

Jack fait signe que oui de la tête.

— Alors tu vas fermer les yeux et ouvrir la bouche.

Jack obéit comme un enfant sage. Madame Soleil sort une drôle de pâte de la poche de sa robe puis elle se met à la mastiquer jusqu'à ce qu'elle se mélange à sa salive. Elle s'approche ensuite de Jack, lui empoigne la tête et l'embrasse pour lui transmettre son sirop. Jack manque de s'étouffer. Il déglutit puis se racle la gorge. Quand il ouvre les yeux, Madame Soleil lui offre son sourire le plus maternel. Encore sous le choc de ce baiser inattendu, il se redresse et tourne sur lui-même plusieurs fois. Secoué d'énergie, il se sent déjà mieux.

— Qu'est-ce qu'il y avait là-dedans ? demande-t-il, intrigué.

— Ça, c'est un de mes secrets… et une sorcière ne partage jamais ses secrets, répond Madame Soleil, visiblement fière d'elle-même.

Chapitre 16

Un père tué par un serpent

Après le brouhaha du matin, la ville s'est endormie peu à peu. Les rues se sont vidées, les échoppes ont fermé l'une après l'autre et un silence inquiétant s'est abattu sur Cité Soleil. Depuis, le soleil a décliné lentement vers la mer, et il étend ses ombres sur toute la ville quand les soldats reviennent enfin. Fredo ordonne aux jumeaux et aux autres de ne pas bouger puis rejoint ses hommes au rez-de-chaussée pour entendre leur rapport.

Jonas pense à la fée Lucette qui aurait été bien utile pour aller espionner les soldats et rapporter leur conversation. Il l'imagine dans le château de son prince charmant, chouchoutée par des serviteurs pendant qu'ils auraient besoin d'elle. C'est parfois idiot, l'amour, se dit-il. Suffit qu'un prince charmant se pointe pour que tout le reste disparaisse et qu'on ne voie plus clair. Comme pour ma sœur avec Dominique tout à l'heure...

— Tu crois qu'ils les ont trouvés ? demande-t-il à Jade qui hausse les épaules.

— En tout cas, ils ne sont pas avec eux. C'est mauvais signe.

— Faut pas vous décourager, dit Jack derrière eux.

Jonas le regarde de côté, incrédule.

— C'est pas toi qui voulais partir y a pas si longtemps ? dit-il avec un brin de reproche dans la voix.

— J'ai changé d'idée, répond Jack en décochant un clin d'œil à Madame Soleil. On est arrivés ici ensemble et on va repartir ensemble.

— Avec vos parents et la petite Juliette, ajoute Madame Soleil sur un ton convaincant.

Jade et Jonas aimeraient bien y croire, mais ils ont plutôt l'impression de marcher dans un labyrinthe duquel ils ne réussiront jamais à s'extirper. La noirceur va bientôt tomber sur la ville, et plus les heures passent, plus ils risquent de perdre la trace de leurs parents.

Au bout d'un moment, Fredo réapparaît dans le haut de l'escalier. Les jumeaux se précipitent aussitôt sur lui.

— Alors ? Ce sont vos hommes qui les ont enlevés ? demande Jonas, impatient.

— Ils ont fait le tour de nos caches et ils n'ont rien trouvé, annonce Fredo d'un ton neutre, comme s'il lisait un bulletin de nouvelles.

— Rien ? s'étonne Madame Soleil.

Fredo soutient son regard un moment, l'œil dur.

— Nous avons des otages, oui, précise-t-il, mais aucun Canadien.

— Vous pourriez tout de même libérer ceux que vous avez, suggère Jade.

— Faut pas trop m'en demander, fillette. Je ne suis que le sous-chef ici. Si je vous écoutais, je deviendrais vendeur de crème glacée.

— Ce serait déjà plus honorable que de continuer tes magouilles, soutient Madame Soleil sans le quitter des yeux.

— Vous êtes sévère avec moi, Grand-mère.

— C'est rien à côté de ce que les loas me soufflent à l'oreille, répond Madame Soleil pour l'intimider davantage. Tu sais qu'ils ne sont pas d'accord avec ce que vous êtes tous en train de faire de ce pays.

— C'est qu'on aimerait bien qu'ils nous disent ce qu'on peut foutre d'autre.

— Si tu commençais par désarmer tes hommes, ce serait un début.

— Le début d'un suicide collectif, oui. Qu'est-ce que vous croyez, Grand-mère ? Il ne se passerait pas une journée avant que nos ennemis ne nous découpent en petits morceaux.

— C'est ça… souffle Madame Soleil, attristée. Et qu'est-ce qu'ils t'ont dit d'autre, tes soldats ?

Fredo la toise avec suspicion.

— Rien d'autre, dit-il.

— Sûr ?

— Des rumeurs, rien de plus.

— Quelles rumeurs ?

Fredo se gratte la nuque et essuie une goutte de sueur qui coule sur sa joue avec le revers de la main.

— On dit que deux Blancs ont été enlevés ces derniers jours à Pétionville. Mais je te le répète, ce ne sont que des rumeurs.

— Par qui ? demande Jack avec un éclat de curiosité dans la voix.

Fredo hésite, se frotte le menton. L'Amiral, son chef, est un homme puissant, mais il fait figure de petit garçon à côté de celui qui est à la tête du réseau qui aurait kidnappé ces deux Blancs.

— Qui ? répète Jack.

— Le Serpent, répond Fredo.

— Et dans quel coin il rampe, ton serpent ? demande Jack en s'avançant d'un pas.

Fredo n'arrive pas à retenir le rire que la remarque lui inspire.

— Toi, mon gars, tu n'as aucune idée de qui il est pour parler de lui ainsi. Des marionnettes dans ton genre, Le Serpent en mange trois par jour. C'est un homme plus cruel encore que tout ce que ta petite tête peut imaginer. Quand il te met la main dessus, tu peux dire adieu à la vie. Et je préfère vous prévenir, ne vous avisez pas de lui payer une rançon, car il n'a jamais libéré un otage… jamais. Il garde ses victimes vivantes pendant les négociations, mais dès qu'il encaisse le fric, il les fait aussitôt disparaître.

Jade se colle à sa grand-mère et se met à pleurer. Elle ferme les yeux et des images se bousculent dans sa tête. Apparaît le beau visage de sa mère dans un cercle de lumière. Jade lui tend la main. Julie sourit, un sourire triste, de ceux qu'on esquisse quand on ne veut pas montrer qu'on est sur le point de pleurer. Jade voudrait la consoler, lui dire que tout va bien, qu'ils vont la libérer, mais le cœur n'y est pas. Jade a perdu confiance, et parce qu'elle a perdu confiance, le visage de sa mère s'efface de son esprit. Celui-ci s'envole comme un oiseau dans le ciel de Port-au-Prince. Vus de là-haut, les habitants de la ville semblent se déplacer au ralenti. Il y a des enfants partout, des tout petits et des plus grands. Au centre d'un groupe, Jade reconnaît Dominique qui distribue des friandises aux plus jeunes en tournant sur lui-même. Elle se demande pourquoi il les a trahis. Il semblait si gentil. Elle était certaine qu'il avait compris leur détresse.

Jamais elle ne l'aurait cru capable de se lier avec des bandits comme Ti Colèr et Fredo. Il y avait dans ses yeux tellement de bonté, tellement de beauté aussi... L'esprit de Jade tourne autour de Dominique encore un moment puis revient dans la maison de Fredo.

Toujours collée à sa grand-mère, elle ouvre les yeux juste comme Madame Soleil s'approche de Fredo.

— Je ne vois qu'une solution, dit Madame Soleil en s'adressant au sous-fifre de l'Amiral, qui recule d'un pas. Il faut que tu nous conduises jusqu'à lui.

— Jusqu'à qui ? demande-t-il pour gagner du temps, car il sait bien de qui elle veut parler.

Madame Soleil avance encore vers lui puis s'arrête à deux centimètres de son nez.

— Prends rendez-vous avec Le Serpent ! ordonne-t-elle sans cligner des yeux.

Fredo soutient son regard.

— Vous voulez rire, Grand-mère ! Le Serpent est notre ennemi.

— Et depuis quand as-tu peur de tes ennemis, Fredo ? demande Jack pour le défier.

Décidément, il a repris confiance en lui celui-là, se dit Jonas. Fredo déglutit.

— Je vous l'ai dit, Le Serpent n'est pas un ennemi comme les autres. Le plus cruel d'entre tous. C'est lui qui a tué…

Fredo n'arrive pas à terminer sa phrase. Son visage se crispe. Il ferme les poings et ses jambes se raidissent.

— C'est Le Serpent qui a tué mon père, finit-il par cracher.

Madame Soleil encaisse la nouvelle en baissant la tête et en revenant vers ses amis. Fredo demeure de glace, les bras ballants, comme si le souvenir de son père assassiné s'était emparé de son être tout entier.

— Comment pouvez-vous savoir que c'est bien Le Serpent qui a tué votre père ? demande Jade en se rappelant que Dominique lui a dit qu'on n'avait jamais su qui avait fait le coup.

Fredo se tourne vers elle puis toise Jonas comme s'il se revoyait à travers lui.

— Je sais que c'est lui parce que j'étais là quand c'est arrivé. Je n'ai jamais raconté cette histoire à personne… J'avais à peu près votre âge à l'époque. Le matin, j'aidais ma mère à transporter les babioles qu'elle vendait au marché toute la journée avec un petit profit, des ceintures, des bijoux de pacotille, des produits pour les cheveux... Ce jour-là, je rentrais du marché sans me presser parce que je n'avais plus rien à faire quand j'ai vu les hommes du Serpent entrer dans ma maison. Ils étaient trois, des grands gars habillés en soldats. Je croyais qu'ils étaient là pour discuter avec mon père et je ne voulais surtout pas être mêlé à ça. Caché derrière la carcasse d'une voiture abandonnée près de chez moi, j'ai attendu qu'ils s'en aillent. Mais quand ils sont sortis, c'était en tirant mon père par les cheveux. Ils l'ont forcé à s'agenouiller, les mains ligotées derrière le dos. Tous ceux qui étaient dehors à ce moment-là sont rentrés chez eux. Le soleil plombait sur la tête de mon père qui fixait le sol parce qu'il savait ce qui l'attendait.

Jade préférerait ne pas entendre la suite, car elle se doute bien que ce ne sera pas rigolo. D'ailleurs, Jeannette l'attire vers elle davantage et s'approche de Jonas. Pour leur épargner la conclusion de l'histoire de Fredo, elle enserre leurs têtes de ses bras, leur bouchant ainsi les oreilles.

— Au bout d'un moment, une jeep blanche est arrivée, poursuit Fredo, et Le Serpent en est descendu. Ce ne pouvait être que lui. J'ai vu sa cicatrice, celle qui lui coupe le visage de l'oreille gauche jusqu'au milieu du menton. Il s'est approché de mon père et il lui a dit quelque chose que je n'ai pas entendu parce que j'étais trop loin. Puis il a reculé de quelques pas, il a jeté un coup d'œil tout autour, il a dégainé son revolver… et il a tiré.

Le silence envahit la pièce et personne n'ose bouger même le petit orteil. Fredo ferme les yeux et tout le monde comprend qu'il est en train de revivre en pensée ce qui s'est passé par la suite, la fuite des soldats du Serpent, la jeep qui laisse derrière elle un nuage de poussière que le vent finit par dissiper, le corps mort de son père qui déjà se mêle à la terre battue de la rue, le silence des voisins cachés derrière les portes closes de leurs maisons, le soleil, la chaleur, l'immensité du ciel bleu…

Jade et Jonas ne savent plus s'ils doivent compatir avec lui ou continuer de le haïr. Ils comprennent à cet instant que le mal engendre le mal comme un animal qui se mord la queue. Ce pays est aspiré depuis trop longtemps dans une spirale infernale pour que la paix soit possible. Un pays rempli de Serpent et de Fredo qui ont tous de bonnes raisons d'en vouloir à la vie.

Madame Soleil s'approche de Fredo. Si elle ne craignait pas de heurter son orgueil, elle le prendrait dans ses bras et le bercerait comme on berce un enfant pour le consoler.

— Viens, descendons au rez-de-chaussée, dit-elle. J'ai un marché à te proposer.

Chapitre 17

Aveuglés par la lueur d'une lampe de poche

Quand les hommes de Fredo lui attachent les mains dans le dos, Jonas proteste et se débat jusqu'à ce que Jack lui demande de se calmer.

— Je me laisserai pas faire sans me défendre, crie-t-il. Je suis pas une poule mouillée comme toi, Jack Poissant ! On comptait sur toi pour nous aider à retrouver nos parents, mais t'es qu'un mollusque !

— Jonas, s'il te plaît ! intervient Jeannette. Ce n'est pas le temps de t'énerver. Obéis aux soldats de Fredo, et en silence.

— Non, non et non ! Si on est faits prisonniers, on est foutus. Mon père, ma mère et ma sœur aussi.

— T'as rien compris, lui dit Jade. Madame Soleil et Fredo ont conclu un marché.

— Quel marché ?

— Je sais pas, mais il faut lui faire confiance.

— T'es dingue ou quoi ? s'excite Jonas. Le dernier à qui on a fait confiance, c'est ton Dominique, et t'as vu ce que ç'a donné ?

— C'est pas MON Dominique, objecte Jade sans grande conviction.

— En tout cas, dès qu'il en a eu l'occasion, il nous a trahis. Alors moi, j'ai plus confiance en personne.

— Pas même en moi ? interroge sa grand-mère, les mains liées dans le dos elle aussi.

Jonas la regarde sans comprendre. Bien sûr qu'il peut compter sur elle. Jamais sa grand-mère ne lui fera de mal. Elle prend soin des jumeaux depuis qu'ils sont nés. Jamais ils n'ont douté de son amour.

— Si tu as confiance en moi, poursuit-elle, tu vas faire ce que je te dis. Et là, je te demande de rester calme. Alors prends une grande respiration, on va tout t'expliquer au moment opportun.

— C'est toujours comme ça, marmonne Jonas.

— Comme ça quoi ?

— On dirait que je suis toujours le dernier qu'on met dans le coup.

— Parce que tu es toujours le premier à t'énerver et à te mettre à crier. Prends exemple sur ta jumelle.

Effectivement, Jade n'a pas réagi quand les soldats lui ont ligoté les mains, et ce, même si les cordes lui coupaient la peau des poignets. Mais Jeannette n'a pas compris que c'est la peur qui rend sa petite-fille muette. Car Jade a l'impression qu'ils ne sortiront pas vivants de cette maison, que ces soldats leur réservent le même traitement qu'au père de Fredo. Et quand elle voit Madame Soleil revenir du rez-de-chaussée avec ce dernier, elle se dit que Jonas a raison, qu'ils ont été trahis encore une fois.

La sueur perle sur le front de Madame Soleil qui s'approche des jumeaux et vérifie leurs liens.

— C'est bien ! dit-elle, satisfaite.

— Vous êtes un démon ! lui crache Jonas au visage. Je vous déteste !

Madame Soleil sourit.

— Tu n'as rien compris, jeune homme, dit-elle. Depuis le début, tu n'as rien compris.

Puis elle se retourne vers Fredo et tend les poignets.

— Je suis prête !

Fredo tire une corde d'une des poches de son pantalon kaki, demande à Madame Soleil de pivoter sur elle-même et il lui attache les mains solidement en s'excusant de lui faire mal.

— C'est pas grave, mon gars. Vas-y, force ! dit-elle, amusée malgré la douleur.

Jonas se sent obligé de lui donner raison. Il ne comprend plus rien. Les voilà tous ligotés et, donc, impuissants devant les soldats qui leur ordonnent de se mettre en rang. Madame Soleil s'installe devant Jack. D'un signe de tête, Jeannette enjoint aux jumeaux de s'aligner derrière Jack puis elle ferme la marche.

— Je vous préviens, le voyage ne sera pas de tout repos, dit Fredo.

Madame Soleil le toise un moment. Elle ne peut pas lui pardonner tout le mal qu'il a fait subir à son peuple. Parce qu'elle sait que si elle ne l'avait pas menacé de faire intervenir les esprits contre lui, il aurait agi comme tous les autres et aurait exigé une rançon pour leur libération, elle ne le remerciera pas. N'empêche, il lui fait pitié.

Fredo recule d'un pas pour les laisser s'engager dans l'escalier. Seul Jonas osera le regarder dans les yeux pour lui exprimer tout le mépris qu'il lui inspire. Mais le sourire cruel avec lequel Fredo lui répondra lui figera le sang dans les veines et son corps se mettra à trembler pendant qu'il descend les marches et traverse le rez-de-chaussée.

Dehors, une camionnette toute déglinguée les attend. Un soldat en ouvre les portes arrière et les invite à y monter de la pointe de sa mitraillette. Ils s'assoient à même le métal brûlant du véhicule. Les portes se referment avec fracas et deux soldats prennent place sur les sièges avant. Le moteur s'anime, toussote un peu, crache une fumée noire qui empeste l'habitacle, puis le véhicule s'ébranle lentement.

Secoués par les trous de la chaussée de terre battue, les jumeaux échangent des regards inquiets. Jack a fermé les yeux.

Madame Soleil marmonne quant à elle une série d'incantations dans une langue qu'ils ne comprennent pas. Et Jeannette leur sourit, un sourire teinté de désespoir, ils le sentent bien, comme si elle regrettait de les avoir entraînés dans cette aventure.

La camionnette roule entre plusieurs séries de maisons dont ils n'aperçoivent que les toits de tôle à travers les fenêtres sales de la cabine. Les nombreux nids-de-poule les jettent les uns contre les autres. Si le moment n'était pas si tragique, Jonas et Jade s'en amuseraient tellement cela peut faire penser à un manège.

La nuit tombe sur le pays pendant qu'ils traversent des nuages d'odeurs, de poisson frit ou de dépotoirs, c'est selon. Ils ont l'impression de tourner en rond dans la ville, comme si le chauffeur ne connaissait pas son chemin. Puis, après une manœuvre plus périlleuse, celui-ci engage le véhicule dans une allée bordée d'une clôture de fils barbelés. La camionnette roule sur une cinquantaine de mètres puis s'arrête. Le chauffeur laisse tourner le moteur en attendant qu'il se passe quelque chose. Mais dans la nuit devenue noire, il ne se passe rien. Pendant de longues minutes, il ne se passe rien.

Jonas et Jade se collent à leur grand-mère tandis que Madame Soleil et Jack gardent le silence. À cause de l'attente, ils ont tous des fourmis dans les jambes. Ils aimeraient bien pouvoir se lever pour se dégourdir un peu, mais ce n'est pas le moment. Le regard fixé droit devant eux, le conducteur et son acolyte guettent un signe, sans doute un signal lumineux ou quelque chose du genre. Mais le signe tarde à venir. Le passager pousse un soupire d'impatience puis arme sa carabine comme s'il avait l'impression d'être tombé dans un guet-apens. Le chauffeur lui demande de se tenir tranquille.

Les minutes s'écoulent comme des gouttes d'eau qui fuient d'un robinet qu'on n'arrive pas à fermer. Puis, au moment où tous semblent s'être égarés dans leurs pensées, le passager assène un coup de coude à son compagnon. Un homme s'approche de la camionnette et les somme de s'identifier.

— *Nous venons de la part de Fredo,* dit le conducteur. *C'est pour l'échange de services.*

L'autre jette un œil dans la camionnette et les jumeaux croisent son regard éteint.

— *Combien tu en as ?*

— *Cinq,* répond le chauffeur.

Le gardien lui ordonne d'avancer lentement. La camionnette roule pendant quelques minutes avant de s'immobiliser. Le conducteur coupe le contact et laisse le silence s'installer avant de descendre du véhicule. Son complice passe son arme en bandoulière puis descend à son tour. Dehors, la discussion reprend. Le gardien ne semble pas comprendre pourquoi Fredo se montre si généreux avec son chef. Le Serpent n'a pas l'habitude de recevoir des cadeaux de ses ennemis.

— Quoi ? siffle Jonas. On est chez Le Serpent ? Celui qui a tué le père de Fredo ?

— Chut ! murmure Madame Soleil.

Le conducteur de la camionnette répond qu'il ne fait qu'obéir aux ordres. Fredo a peut-être besoin d'argent rapidement, ce qui expliquerait qu'il a proposé ces otages au Serpent à un prix si avantageux.

— *Qui c'est ?* demande le gardien.

— *Sais pas... mais ils ont l'air riches.*

— *Qu'est-ce qui te fait dire ça ?*

— *Ils parlent avec un accent de riches.*

Un moment de silence suit cette réplique, comme si le gardien réfléchissait à ce qu'il allait faire.

— *Tu sais que nous pourrions vous tuer,* finit-il par dire.

— *Fredo a conclu un marché avec Le Serpent,* répond le conducteur. *Les otages sont là, bien vivants. Donne-moi l'argent et laisse-nous partir.*

— *Fais voir d'abord.*

Les hommes du Serpent s'installent devant la porte du compartiment arrière de la camionnette, leurs carabines bien appuyées sur leurs épaules, prêts à tirer. Le conducteur et son ami ouvrent les portes.

— *Doucement !* ordonne le gardien.

Les jumeaux tremblent. La lumière d'une lampe de poche balaie nerveusement l'intérieur de la camionnette et les aveugle. Une odeur de terre humide leur monte au nez. Ils sont sortis de la ville, pour sûr.

— *C'est bon. Sortez-les de là !* crie le gardien à ses subalternes qui se jettent aussitôt sur les otages et les forcent à descendre du véhicule. *C'est vrai qu'ils ont l'air en santé,* ajoute-t-il sur un ton satisfait. *Prenez l'argent et fichez-moi le camp !* dit-il aux hommes de Fredo.

Le chauffeur et son complice acceptent un sac rempli de gourdes, la monnaie nationale haïtienne, puis remontent dans la camionnette. Celle-ci fait demi-tour avant de s'éloigner dans le chemin par lequel elle est venue.

La nuit apparaît encore plus sombre aux jumeaux. Plus inquiétante aussi. Comme si des ombres pouvaient sortir à tout moment des ténèbres pour fondre sur eux et leur faire du mal.

Chapitre 18

Qui était Dominique ?

Les jumeaux aperçoivent au loin les fenêtres illuminées d'une maison isolée au centre d'un champ qu'on devine clôturé. Les hommes du Serpent les guident vers un bâtiment secondaire fait de panneaux de bois vermoulus. On dirait un hangar ou quelque chose du genre, une pièce unique dans laquelle on les enferme en les bousculant après leur avoir délié les mains.

Quand la porte se referme derrière eux, ils se retrouvent plongés dans la noirceur la plus totale. Ils ont à peine eu le temps de constater qu'il n'y avait ni lit ni chaise ni quoi que ce soit d'autre que la terre battue du sol pour s'asseoir.

Parce qu'il devine que les jumeaux sont sur le bord d'éclater en sanglots tellement ils sont apeurés, Jack se racle la gorge.

—Si on profitait de ces quelques moments de repos pour s'instruire un peu ? dit-il à la blague.

—T'es pas drôle, Jack ! dit Jonas.

—Pourtant, je suis convaincu que ce que Madame Soleil a à nous révéler pourrait t'intéresser.

—Je n'ai rien à dire pour l'instant, prétend cette dernière.

—Mais si, mais si, insiste Jack. Commencez d'abord par nous parler de ce marché que vous avez conclu avec Fredo. Je crois que nous avons le droit de savoir en quoi il consiste puisque nous sommes… comment dire… impliqués.

—C'est un secret, dit Madame Soleil dont le malaise transparaît au ton peu assuré de sa voix.

—Je suis convaincu que Jade et Jonas aimeraient comprendre pourquoi ils sont ici. Cela les rassurerait sûrement de savoir comment vous comptez les faire sortir de cette prison.

— Ce n'est pas une prison.

— Ce n'est pas un hôtel non plus, à ce que je sache, réplique Jack. Ou en tout cas, si c'en est un, je ne le recommanderais pas à mes pires ennemis.

Dans l'obscurité, Madame Soleil soupire pour signifier à Jack qu'il lui tombe sur les nerfs avec ses remarques.

— Ils sont trop jeunes, se défend-elle après quelques secondes de réflexion. Ils risqueraient de tout compromettre.

— Ils ont douze ans et sauront très bien faire la part des choses si vous vous donnez la peine de bien leur expliquer.

— Mais puisque je te dis qu'il n'y a rien à expliquer, s'impatiente Madame Soleil.

— Très bien ! concède Jack. Alors dans ce cas, je vais émettre moi-même quelques hypothèses et vous nous direz si j'ai raison.

Madame Soleil demeure silencieuse, sans doute parce qu'elle n'a pas envie de jouer aux devinettes avec Jack. Même si leurs yeux se sont un peu habitués à la noirceur, les jumeaux réussissent à peine à entrevoir l'ombre de ceux qui les entourent.

— Supposons un instant que vous vous soyez mise d'accord avec Fredo pour qu'il vous remette une part de l'argent qu'il a reçu pour nous vendre au Serpent.

— Arrête, Jack ! l'interrompt-elle. Tu n'y es pas du tout. Si c'était le cas, qu'est-ce que je ferais ici avec vous ? Je serais restée chez Fredo en attendant que le conducteur de la camionnette me rapporte mon fric.

— Bien. Supposons dans ce cas que vous connaissiez tous ces gens, Ti Colèr, Fredo, Le Serpent, et que vous nous ayez transportés ici pour encaisser une partie de la rançon que tous ceux-là vont demander à la famille des jumeaux, au gouvernement canadien ou je ne sais trop qui…

— Tu délires complètement, Jack !

— Vous ne seriez pas la première à nous avoir trahis. Dominique déjà…

— Dominique ne vous a pas trahis ! l'interrompt Madame Soleil.

Elle va en dire plus, mais elle se retient.

— Dominique Jean nous a livrés à son cousin, rappelle Jonas. Il a abusé de notre confiance et s'il devait nous arriver un malheur, ce serait de sa faute.

— Écoute-moi bien, jeune homme, s'emporte Madame Soleil. Dominique Jean a fait tout ce qu'il pouvait pour vous permettre de retrouver vos parents et votre petite sœur. Sans lui, vous seriez morts aujourd'hui et on aurait déjà déposé vos corps dans l'une des fosses à ciel ouvert de la ville. Vous ne comprenez rien à rien, à la fin !

— Calme-toi, Rose, intervient Jeannette. Tu as raison, on ne comprend pas, car ce n'est pas notre pays. On n'a pas les codes pour tout comprendre. Mais si tu nous expliques…

— Si je vous explique tout, ça risque de vous jouer de mauvais tours. Car jusqu'ici, tout se déroule plutôt bien, justement parce que vous n'avez pas tout compris. C'est pour ça que j'hésite à vous dévoiler mes secrets.

Jonas aimerait pouvoir se lever et bondir vers Madame Soleil.

— Vous trouvez que tout va bien, vous ? dit-il. Dominique nous a livrés à Fredo, Fredo nous a vendus au Serpent qui, si j'ai bien compris, est le chef de guerre le plus dangereux du pays, et vous trouvez que tout va bien !

— Mon frère a raison, renchérit Jade. On ne sait rien de nos parents. Peut-être qu'ils sont rentrés à la maison à l'heure qu'il est et qu'ils nous cherchent partout sans se douter que nous croupissons dans un hangar humide qui doit habituellement servir de chiottes aux hommes du Serpent tellement ça sent mauvais. Alors je vais vous dire ce qu'on va faire, ajoute-t-elle sur le ton du défi. Vous allez vous remettre votre bout de cigare dans la bouche et vous allez nous ramener chez nous.

— Ouais ! acquiesce Jonas. C'est ça qu'on va faire !

Il devient évident que Madame Soleil est sur le point d'exploser. Elle leur explique d'abord qu'elle pourrait, oui, les ramener chez eux de la même manière qu'ils sont venus en Haïti, mais que cela ne les mènerait à rien si leurs parents sont toujours prisonniers quelque part à Port-au-Prince. Ce serait surtout dommage de s'arrêter en si bon chemin, car ils ne sont pas loin du but, assure-t-elle.

— Qu'est-ce que vous voulez dire ? demande Jonas.

— Elle veut dire qu'elle croit que vos parents ont été kidnappés par Le Serpent, répond Jack à la place de Madame Soleil, qui acquiesce d'un grognement avant d'accepter de les mettre au parfum.

Les jumeaux découvrent ainsi que Dominique Jean ne les a pas trahis et que, bien au contraire, il a tout fait pour leur permettre de s'approcher de leurs parents. En effet, il ne pouvait pas se présenter devant Fredo comme un allié de ces étrangers qu'il avait sortis du rara. Il ne pouvait pas non plus se pointer devant Ti Colèr comme ça, sans lui faire croire qu'il amenait des otages à son chef. Jamais ils n'auraient eu accès à Fredo autrement. Il fallait que Dominique joue le jeu de la trahison pour qu'ils puissent espérer entrer dans la maison de son cousin. C'était la seule manière de pouvoir lui parler. Et Dominique savait que s'il disait à Fredo que Madame Soleil était en contact avec les loas, ou bien son cousin libérerait ses otages s'ils étaient détenus dans l'une de ses caches, ou bien il se débarrasserait de ces étrangers encombrants.

— Il n'y avait pas d'autre moyen, vous comprenez ? Maintenant on sait que vos parents n'ont pas été enlevés par Fredo ou les hommes de son chef, l'Amiral. Alors il y a de fortes chances que ce soit Le Serpent qui ait fait le coup. Et nous voilà rendus chez lui. Le problème, cependant, c'est que contrairement à Fredo, Le Serpent n'a pas peur des esprits.

Jade se tasse sur sa grand-mère.

— Alors comment on va faire pour le forcer à nous livrer nos parents ? demande-t-elle.

Madame Soleil s'évente avec un pan de sa robe.

— Par la ruse, jeune fille ! Par la ruse !

Chapitre 19

Hypocrisie ou paranoïa

Couchés à même le sol, ils n'ont pas dormi beaucoup, si ce n'est de Jack qui s'est mis à ronfler comme une tondeuse à gazon trente secondes après s'être assoupi.

Le chant lointain d'un coq leur a annoncé l'arrivé du jour, puis la fraîcheur de la nuit a cédé sa place à la chaleur et à l'humidité matinales. Les flèches de lumières qui percent çà et là les murs et la toiture leur permettent de découvrir la vraie nature des lieux. Et c'est Jade qui avait raison, car il y a au fond de la pièce une porte derrière laquelle on a creusé un trou d'une trentaine de centimètres de diamètre et qui, visiblement, a servi de chiottes encore récemment.

— C'est dégueulasse ! dit Jonas en se pinçant le nez. Je refuse de me pencher au-dessus de ça.

— As-tu une autre solution à proposer ? demande Jade avec un demi-sourire.

— On voit bien que c'est pas toi qui as envie.

— J'y suis déjà allée ce matin.

— Quoi ? Et tu t'es pas évanouie ?

Contrairement à son frère, Jade a cette faculté de savoir s'adapter rapidement à de nouvelles situations ou à des environnements qui ne lui sont pas familiers.

— Tu veux que je te tienne la main ? demande-t-elle pour se moquer.

— Très drôle ! Ferme la porte ! finit-il par ordonner.

— Ah oui, j'ai oublié de te dire un truc ! lui lance sa jumelle après un moment.

— Laisse-moi tranquille ! dit-il, penché au-dessus du trou.

— Y a pas de papier !

— Quoi ?!? crie Jonas, pris de panique. Mais, mais, mais… comment je vais faire pour… pour… pour…

— Le journal…

— Quel journal ?

— Y a un journal à ta droite.

— Je veux pas lire le journal, Jade, je veux juste me…

— C'est ça… tu fais ça avec le journal.

— Tu veux rire ?

Jade ne peut effectivement s'empêcher de pouffer, ce qui met son frère en colère.

Couché en chien de fusil, Jack ouvre un œil, puis un autre. Il se redresse et secoue ses vêtements dont l'odeur rivalise avec celle des toilettes tellement il a sué dedans. Il passe une main dans ses cheveux pour les ébouriffer comme il faut puis renifle un bon coup.

— Bien dormi, non ? dit-il comme s'il émergeait d'une nuit de rêve dans un palace.

— Parle pour toi ! lui lance Madame Soleil en le regardant à peine. C'est un moteur turbo que t'as dans la gorge ou quoi ?

Jack sourit timidement, honteux.

— J'ai encore ronflé, c'est ça ? Je m'excuse, je suis désolé. C'est que je n'arrive pas à contrôler mon…

— Ce n'est rien, Jack, dit Jeannette pour le rassurer. On sait que tu ne le fais pas exprès.

— Je suis pas si certaine qu'il n'y met pas un peu du sien, suggère Madame Soleil. Il y a ronfler et ronfler. Toi, mon gars, tu te contentes pas d'un léger vrombissement. Non, tu fais plutôt partie de la catégorie « avion au décollage », si tu vois ce que je veux dire. Tu devrais songer à téléphoner aux juges du *Livre Guinness des records*. Je suis certaine qu'ils inscriraient ton nom en haut de la liste des ronfleurs les plus bruyants de la planète.

— Vous croyez ? dit-il avec une pointe d'envie dans la voix

Il ne détesterait pas voir son nom dans le *Livre des records*. Il imagine déjà l'article : *Jack Poissant, reconnu comme le plus puissant ronfleur de tous les temps, a fait exploser l'appareil servant à mesurer le taux de décibels de ses ronflements…*

Les cris de Jonas, toujours aux toilettes, le sortent de sa rêverie.

— Ah ! Un rat ! Y a un rat ! hurle-t-il avant d'apparaître devant eux, le pantalon à demi remonté, suivi de l'animal qui, tout surpris de se retrouver au centre de ces humains effrayés, tourne sur lui-même avant de replonger dans le trou.

— Il t'a mordu ? demande Jeannette, inquiète.

— Non… j'allais sortir quand je l'ai vu.

— Tu l'as échappé belle ! dit Jade sans s'être départie de son sourire. Imagine si le rat t'avait mordu le…

— Oh ! Ça va, ça va ! coupe Jonas en bouclant la ceinture de son pantalon.

— … gros orteil.

— T'as rien d'autre à faire que de t'occuper de moi ? s'impatiente Jonas.

Jeannette doit intervenir pour que cette discussion ne dégénère pas en chicane.

— Gardez vos énergies pour vous concentrer sur ce qui s'en vient, dit-elle, appuyée aussitôt par Madame Soleil dont la robe jaune garde ici et là les marques de la terre boueuse sur laquelle elle a dormi.

Les jumeaux s'assoient à même le sol chacun de son côté et attendent la suite des événements, mais rien ne se passe, comme si on les avait abandonnés là. Des gargouillis percent leurs ventres affamés. Jonas se met d'ailleurs à rêver aux croissants chauds que sa grand-mère a l'habitude de leur servir avec une noix de beurre, que la pâte avale aussitôt. L'été, un jus de fruits frais accompagne le petit déjeuner… Recroquevillé sur lui-même, Jonas donnerait aujourd'hui tous ses trésors pour une gorgée de cette boisson.

Madame Soleil s'approche de Jack et l'attire un peu plus loin. Les jumeaux n'entendent pas ce que les deux se disent, car ceux-ci discutent à voix basse comme s'ils complotaient contre eux.

— Encore des secrets ? finit par lancer Jonas, sans grand effet puisqu'ils ne lui prêtent pas davantage attention.

— Détends-toi, lui dit sa grand-mère. Jack et Rose sont en train d'établir une stratégie. Et parfois, la stratégie exige que les autres ne sachent pas tout.

— Moi, j'appelle ça de l'hypocrisie, pas de la stratégie.

— C'est parce que tu t'imagines constamment que tout le monde est contre toi, souligne Jade. Et ça, on appelle ça de la paranoïa, tu sauras.

Parce qu'il ne sait pas quoi répondre, Jonas se renfrogne et serre ses jambes contre sa poitrine. Après un moment, Madame Soleil et Jack reviennent vers eux, visiblement satisfaits de leur petite réunion même s'ils n'en diront rien aux autres, histoire de leur réserver la surprise. Et la surprise ne devrait pas tarder puisqu'ils entendent des soldats approcher de leur prison.

Chapitre 20

Quand Jack est fier de lui

Ils sont trois, le gardien de la veille et deux soldats armés de mitraillettes qui ont visiblement servi plus d'une fois tellement le bois de la crosse est usé. Ils leur demandent de se regrouper contre le mur. Persuadés que leur dernière heure est arrivée, les jumeaux s'attendent à ce que les soldats les mettent en joue et leur tirent dessus sans autre cérémonie.

En montrant du doigt Madame Soleil, Jack s'avance vers le gardien pour l'implorer de les libérer de cette sorcière qui les a complètement transformés.

— *Vous devez faire très attention à elle,* ajoute-t-il, les yeux exorbités. *Cette femme est dangereuse, je vous le jure ! Elle parle avec les esprits !*

Le gardien, qui a d'abord souri, fronce maintenant les sourcils. On ne badine pas avec ces histoires-là en Haïti où tout le monde connaît le pouvoir des loas, ces esprits qui peuvent être aussi cruels qu'amicaux.

— *Qu'est-ce que tu veux dire ?*

— *Elle connaît Baron Samedi personnellement. Je te jure que c'est vrai. Je l'ai vue lui rendre hommage par une danse si endiablée que même toi et tes soldats auriez eu peur. Sa maison est remplie de masques et de statuettes. C'est vrai ou c'est pas vrai, les enfants ?* dit-il en se tournant vers les jumeaux qui ne l'ont jamais vu aussi exalté.

Jade et Jonas acquiescent d'un signe de tête. Ils interrogent Madame Soleil du regard, mais celle-ci reste de marbre, les bras croisés sur la poitrine.

— *Une folle, je vous dis !* reprend Jack. *Si je vous racontais ce qui nous est arrivé, vous ne me croiriez pas.*

— *Justement, ça nous intéresse. Qui êtes-vous et d'où venez-vous ?*

— *Du Canada… Québec, Canada, vous connaissez ? C'est loin ! Très loin ! Et vous voulez savoir comment on est venus jusqu'ici ? Vous voulez le savoir, dites ?*

— *En avion, je suppose,* dit le gardien.

— *Eh bien non ! T'as tout faux, parce qu'on n'est pas venus en avion.*

— *En bateau alors.*

— *Ni en avion ni en bateau. On est venus par… magie ! C'est ça, par magie !*

— *Tu te moques de nous, espèce de guignol !* se fâche le gardien. *Ferme ta gueule et retourne le long du mur.*

— *Mais attends, soldat,* insiste Jack. *C'est pas tout, tu sais pas la meilleure.*

— Jack… siffle Jeannette, qui devine qu'il va leur révéler un secret qu'il devrait garder pour lui.

— *Quand on est arrivés ici…*

— *Par magie,* répète le gardien pour se moquer de lui.

— *Par magie, oui, un truc dingue, une danse avec de la fumée partout… Je sais pas, moi… Toi qui es haïtien, tu dois connaître ça, ce genre de cérémonie avec les esprits et tout ?*

Le gardien déglutit. Bien sûr qu'il sait de quoi parle Jack. Toute son enfance a été ponctuée de ces cérémonies où des femmes devenaient possédées par les loas et se mettaient à parler comme des hommes, un cigare à la bouche, un chapeau sur le crâne, une canne à la main. Chaque fois, il avait peur que ces esprits se jettent sur lui et le transforment à son tour en femme ou en chien…

— *Parce que tu n'es pas haïtien, toi ?* dit-il à Jack.

— *Mais non, je te l'ai dit. Je suis canadien et je suis blanc… C'est ce que j'essaie de t'expliquer.*

Les deux soldats se regardent, de plus en plus inquiets.

— *T'as pas remarqué mon accent ? Je suis blanc, cette femme est blanche,* ajoute-t-il en désignant Jeannette, *et ces enfants aussi sont blancs.*

— *Tu te paies ma gueule ou quoi ?* s'emporte le gardien. *Tout le monde ici est noir.*

— *Présentement, oui, parce que cette sorcière nous a transformés. On est des Blancs transformés en Noirs. Elle a changé nos traits et la couleur de notre peau, et on a appris le créole en une demi-seconde. Puisque je te dis qu'elle est dangereuse. Avec elle, tout peut arriver. Un pas de danse et te voilà devenu cheval, ou chien, ou chat, ou coquerelle. Tu te vois en coquerelle, toi ?*

Le gardien jette un œil à ses hommes qui n'ont qu'une envie, sortir de là au plus vite. Car on leur a appris que les armes ne peuvent rien contre les esprits. Que tout peut arriver quand on les contredit. Notre corps peut s'enflammer d'un seul coup. Ça s'est déjà vu, à ce qu'on dit. Nos membres peuvent ramollir jusqu'à ne plus être capables de supporter notre poids, et nous voilà handicapé pour le reste de notre vie. Les loas se nourrissent de l'énergie des hommes comme les vampires vivent de leur sang. Et quand ils s'attaquent à notre cerveau, nous nous transformons en zombi, une sorte de fantôme, un mort-vivant dont les forces du mal peuvent se servir à leur guise. Ce pays est infesté de zombis qui n'ont pas conscience de ce qu'ils font parce que les esprits leur ont retiré leur intelligence et tout l'amour qu'ils portaient en eux. Ils errent dans la ville, de jour comme de nuit, et s'en prennent à tous ceux qu'ils croient leurs ennemis, les femmes et les enfants y compris. On raconte même qu'ils mangent leurs victimes après les avoir tuées, mais ça, ça reste à prouver.

Rien ne pourrait rassurer les soldats et le gardien, qui choisissent de battre en retraite. Ils dévisagent Madame Soleil un moment, sans trop insister de crainte qu'elle ne leur jette un mauvais sort, sortent de la hutte et referment derrière eux sans un mot de plus.

Jack reste immobile au centre de la pièce, épuisé par sa performance. Madame Soleil le rejoint et le félicite. Ces durs à cuire n'étaient pas faciles à tromper, mais il a été si convaincant qu'ils n'ont pas pu faire taire les vieilles peurs de leur enfance. Ce sont toujours les plus tenaces, parce qu'on les traîne avec soi depuis si longtemps qu'elles finissent par faire partie de nous. Jade et Jonas, par exemple, ne voient plus les clowns de la même manière après ce qu'ils ont vécu dans la salle du grand supplice pendant leur voyage en Orientie. Chaque fois qu'ils en ont croisé un depuis, dans une fête ou pendant la grande foire agricole annuelle, ils s'en sont tenus loin.

— Le plus gros du travail reste à faire, souligne Madame Soleil à Jack. Jusqu'ici, tu n'as dit que la vérité. C'est facile de mentir en disant la vérité, si tu vois ce que je veux dire.

Les jumeaux rient de la formule… mentir en disant la vérité. Jonas s'amuse même à essayer d'imaginer l'inverse : dire la vérité en mentant. Et il se demande si cela est possible.

— Si tu veux, on pourra discuter de tout ça plus tard, car j'ai l'impression qu'on va avoir de la belle visite dans quelques minutes.

Comme les impressions de Rose sont rarement fausses, ils entendent effectivement tout un contingent de soldats s'approcher de la hutte.

— Ce sera à vous de jouer, dit Jack à Madame Soleil, qui ajuste sa robe, respire profondément puis se campe solidement sur ses pieds, prête pour le combat.

Chapitre 21

Dire la vérité

Quand Le Serpent est entré, escorté par une bonne dizaine de ses soldats, ils ont tout de suite compris à qui ils avaient affaire. Sa mitraillette sur l'épaule, le colosse se plante devant Jack et pose sur lui son regard dur et froid. Jack ne peut s'empêcher de regarder la cicatrice qui lui coupe le visage de l'oreille gauche jusqu'au milieu du menton, longue crevasse foncée large d'un centimètre au moins. On dirait la courroie d'un quelconque chapeau.

— *Tu te demandes comment c'est arrivé, hein ?* dit Le Serpent sans desserrer les dents.

— *Pardon ?* fait Jack en sursautant, étonné par la question.

— Un coup de machette, j'avais treize ans… le frère de ma petite amie, un singe qui voulait pas que j'embrasse sa sœur. Le guérisseur de mon village m'a sauvé la vie. Avec un tison ardent, il a brûlé ma plaie. Je te l'accorde, ça fait pas très joli. Mais si t'avais vu à quoi ça ressemblait avant, les muscles de ma joue sortis, le sang, l'os à découvert… Aujourd'hui, ils sont morts tous les deux. Le guérisseur, noyé en essayant de traverser en Floride à bord d'un bateau qui prenait l'eau. Quant au frère de ma petite amie, je te raconte pas ce que je lui ai fait quand je lui ai enfin mis la main dessus. Il a compris ce qu'on ressent quand le feu perce la chair. Tu sais ce que ça fait, toi, de sentir la pointe d'une lance de métal rougie par la braise te percer la peau ?

Jack déglutit.

— J'imagine que ça fait… mal, ose-t-il avec un sourire qui tressaute de nervosité.

Le Serpent sourit, lui aussi.

— T'as raison, mon gars… ça fait mal.

Il se tait un moment sans quitter Jack des yeux. Le temps s'arrête, plus personne n'ose même respirer. Il y a une telle tension dans l'air qu'une seule étincelle pourrait tout faire sauter.

— *Qu'est-ce que t'as raconté à mes hommes pour qu'ils rappliquent chez moi comme des fillettes ?* finit-il par demander devant ses subalternes qui baissent les yeux, un brin honteux.

— *La vérité, monsieur... j'ai dit la vérité,* bégaie Jack, moins sûr de lui qu'il y a dix minutes.

Le Serpent sourit de nouveau.

— *Y a de vrai que ce qu'on veut bien croire, et moi je crois en rien, alors la vérité... D'où tu viens ?*

— *Du Québec.*

— *Et tes amis ?* demande Le Serpent sans les regarder.

— *Du Québec aussi.*

— *Dis donc, y a que des Noirs au Québec ou quoi ?*

Jack sourit et reprend de l'assurance.

— *Non, monsieur. Surtout des Blancs, à vrai dire. D'ailleurs, moi-même, je suis blanc... on est tous blancs, sauf cette femme, là,* précise-t-il en indiquant Madame Soleil.

Le Serpent s'approche à cinq centimètres de Jack.

— *Tu sais quoi ?* dit-il avec un demi-sourire. *Nous, avant, on était des Chinois. Pas vrai, les gars ?*

Ses hommes acquiescent d'un signe de tête en souriant à peine, parce qu'ils savent que lorsque leur chef fait des blagues, c'est mauvais signe. C'est sa manière de montrer qu'il n'aime pas qu'on se paie sa tête. Et souvent, ses blagues font vite place à un langage plus… direct.

— *Ouais ! Des Chinois de Chine,* poursuit-il. *Et un jour, une sorcière nous a transformés en Haïtiens. Qu'est-ce que tu en dis ?*

— *Je sais que ça peut paraître ridicule,* convient Jack, *mais je vous jure…*

— *Ta gueule !* l'interrompt Le Serpent. *Je crois pas une seconde à tes histoires de sorcière. Pas une seconde. Tu me prends pour un enfant ou quoi ? Je suis pas devenu chef sans raison. Ici, tout le monde croit aux esprits, aux saints ou je ne sais quoi encore. Ils attendent tous le miracle qui les sortira de leur misère. Mais c'est justement parce qu'ils attendent un miracle qu'il se passe rien. Tu comprends ce que je te dis ? C'est parce qu'ils croient aux saints et aux esprits que les autres peuvent les exploiter, se servir d'eux comme ils veulent. Y a longtemps que j'ai compris ça, moi aussi. Ce sont pas les loas qui ont guéri ma blessure, c'est le feu, celui qui m'a fait mal à vouloir mourir de douleur. Je suis pas contre les saints et les esprits, non. Je les trouve même bien utiles, car ils gardent les pauvres tranquilles. Tu comprends ? Tu comprends ?*

Jack fait signe qu'il comprend, oui.

— *Alors essaie pas de jouer ce jeu-là avec moi, ça prend pas.*

Le regard du Serpent est si menaçant que Jack sent que ses jambes vont le lâcher

— *Maintenant dis-moi,* ajoute Le Serpent en lui crachant son haleine de poisson sous le nez, *d'où viens-tu ?*

Jack hésite, recule de quelques pas et s'appuie contre le mur.

— *Je suis désolé, monsieur,* dit-il, *mais tout ce que je vous ai dit est vrai. On vient du Québec, on est tous blancs, d'habitude on parle français, mais cette sorcière nous a remodelés en Haïtiens.*

Furieux, Le Serpent tourne la tête puis se mord la lèvre inférieure.

— Français ? Bien, bien, bien, bien, bien… répète-t-il à voix basse.

Il s'approche des jumeaux et se penche sur eux comme pour les renifler. Il passe une main dans les cheveux noirs et crépus de Jonas, caresse du revers de la main le visage apeuré de Jade puis s'arrête devant Jeannette.

— Tu ressembles à ma grand-mère, dit-il avec une pointe d'émotion dans la voix. Les mêmes yeux, les mêmes pommettes aussi... Tu serais pas de Cap-Haïtien, par hasard ?

Jeannette secoue la tête. Elle aimerait lui dire qu'elle est née au Québec, mais les mots restent pris dans sa gorge nouée par la peur.

— T'es muette ou quoi ? Je te demande d'où tu viens ?

— Jack vous a dit la vérité, bafouille-t-elle. On vient tous du Québec.

Le Serpent se contente de lui sourire froidement. Il la dévisage encore un moment puis se tourne vers Madame Soleil, qu'il examine de la tête aux pieds, puis inversement. Il trouve qu'elle ressemble à une Africaine dans sa longue robe jaune, à une femme du Sénégal ou de la Guinée.

— Alors c'est toi, ça... la sorcière ?

Elle ne bronche pas et continue de regarder droit devant elle.

— T'as un nom, j'imagine.

— On m'appelle Madame Soleil.

— Madame Soleil ! répète Le Serpent en pouffant. Oui, j'aurais dû deviner, avec ta robe et tout. Comme ça, tu fais de la magie, Madame Soleil ?

Elle tourne lentement la tête vers lui avec son regard le plus dur, puis pose ses mains sur ses hanches.

— Te moque pas de moi, mon garçon, dit-elle. Tu pourrais le regretter.

Les hommes du Serpent reculent d'un pas, impressionnés par cette femme qui ose défier leur chef. Le Serpent, lui, semble plutôt s'en amuser. Il s'approche davantage, puis tourne autour d'elle, une main sur sa mitraillette.

— Les femmes comme toi me font pas peur, dit-il. Je les trouve même plutôt comiques. J'ai pas compris tous leurs trucs, et je sais qu'elles en ont plusieurs, mais j'en ai jamais vues réussir à changer des Blancs en Noirs, ou vice versa. À moins que ce soit toi qui aies transformé Michael Jackson… Tu connais Michael Jackson, non ? Le chanteur noir américain qui s'est fait blanchir parce qu'il avait honte de ce qu'il était. P'tit con ! Alors, c'est toi qui as fait ça ?

— Non, répond Madame Soleil.

— Bien sûr que non ! Cette andouille s'est foutu de l'acide dans le visage, voilà ce qu'il a fait.

— On dit qu'il a une maladie de peau, intervient Jack à l'autre bout de la pièce.

— Et t'as cru ça, toi ? lui lance aussitôt Le Serpent. T'es encore plus idiot que t'en as l'air, mon gars. T'en connais d'autres, toi, qui ont cette maladie-là ? Hein ? Où ils sont, tous ces Noirs devenus Blancs à cause de cette mystérieuse maladie ? Nulle part ! Alors vos histoires de changement de couleur, gardez-les pour vous et dites-moi qui vous êtes et d'où vous venez.

Parce que Le Serpent a haussé le ton, Jade et Jonas n'en mènent pas large. Devant le silence qu'il reçoit comme réponse à sa question, il revient vers Jonas.

— T'as quel âge, jeune homme ?

— Douze ans, répond Jonas.

— Douze ans, c'est assez vieux pour comprendre ce qu'on te dit, non ?

— Oui, monsieur.

— C'est assez vieux aussi pour comprendre que si tu réponds pas à mes questions, vous allez tous mourir. Est-ce que tu comprends ça ?

Jonas sent qu'il va défaillir si Le Serpent ne le laisse pas tranquille.

— Oui, monsieur, bafouille-t-il, les yeux dans l'eau.

— Bien ! Alors dis-moi : comment t'appelles-tu ?

— Jonas, monsieur.

— Bien ! Et d'où viens-tu ? Et me dis pas que tu viens du Québec, ajoute Le Serpent en serrant les dents.

— C'est pourtant de là que je viens, monsieur. Je suis désolé, je veux pas vous offenser, monsieur, mais je peux pas répondre n'importe quoi, vous dire que je viens de Jacmel ou d'une autre ville d'Haïti, ou des États-Unis, ou de l'Afrique, non monsieur, je peux pas vous dire ça parce que ce serait pas la vérité, vous comprenez ? Et comme je veux répondre avec honnêteté à votre question, je suis obligé de vous dire ce que vous voulez pas que je vous dise, c'est-à-dire que oui, je viens du Québec.

— Ça va, ça va, ça va... s'impatiente Le Serpent. Laissez-moi vous expliquer pourquoi la question est importante. Vous êtes maintenant mes prisonniers, et la seule façon de sauver votre peau, c'est que quelqu'un paie votre rançon. Vous voyez ? Sans rançon, vous êtes condamnés à mourir. Mais pour obtenir une rançon, j'ai besoin de contacter votre famille pour qu'elle trouve l'argent que je lui demanderai en échange de votre libération. Et pour contacter votre famille, j'ai besoin de savoir qui vous êtes et d'où vous venez. *Vous comprenez ce que je vous dis ?*

Madame Soleil avance d'un pas, les mains toujours appuyées sur les hanches.

— Ils disent la vérité, affirme-t-elle. Ils viennent tous du Canada et c'est moi qui les ai noircis, si on peut dire. Je sais que tu ne me crois pas, alors je vais t'expliquer pourquoi j'ai fait ça.

Et Madame Soleil lui raconte l'histoire à partir du début, la disparition de Julie et de la petite Juliette ; le voyage du père des jumeaux, qui s'est volatilisé lui aussi quelque part en Haïti. Madame Soleil lui révèle comment ils sont venus à Port-au-

Prince. Elle ne lui parle pas de Dominique, mais lui raconte dans le détail comment elle a transformé ses amis en Haïtiens pour qu'ils passent inaperçus dans la ville. Malheureusement, cela n'a pas suffi pour empêcher leur enlèvement par les hommes de l'Amiral.

Le Serpent l'écoute avec attention, émettant quelques grognements ici et là, jetant parfois un regard à ses hommes pour s'assurer qu'ils n'ajoutent pas trop foi à ce que cette folle leur raconte.

— Et puis voilà, il y a eu l'échange avec Fredo et nous nous sommes retrouvés ici.

Le Serpent la fixe avec, dans le visage, une expression de défi que sa cicatrice accentue.

— Tu veux dire que ces enfants sont ceux de deux Blancs enlevés dans cette ville ces derniers jours, c'est ça ?

— C'est exact ! répond Madame Soleil avec conviction.

Le Serpent regarde ses hommes avant de pouffer de rire.

— Bien, bien, bien, bien, bien…

Il revient vers Madame Soleil puis la défie du regard.

— Je sais pas pourquoi tu mens, mais je sais que tu mens. Et nous aurons l'occasion de tous nous en rendre compte assez rapidement. *Amenez-les au grand cachot !*

Chapitre 22

Un briquet dans les cheveux

On les a fait monter dans une petite camionnette déguisée en tap-tap, ces minibus haïtiens décorés de couleurs voyantes et baptisés de toutes sortes de noms originaux comme *Petit Ange*, *Bonheur de Dieu* ou *Attention… on part !* La plupart du temps, le voyage à bord de ces tap-tap s'effectue au son d'une musique poussée au maximum dans des haut-parleurs déjà fatigués. Deux soldats, installés avec eux à l'arrière, les tiennent discrètement en joue. Assis à côté du chauffeur, Le Serpent lui indique la route au fur et à mesure.

Ils sont revenus en ville assez rapidement, puis l'ont traversée tant bien que mal dans la circulation difficile, avec ses camions à moitié déglingués qui ne respectent pas les feux rouges – quand ceux-ci fonctionnent, ce qui n'est pas toujours le cas.

En se penchant sur Jade pour voir ce qui se passe dans la rue, Jonas remarque au loin le Palais national. Il veut le montrer à sa sœur, mais le véhicule tourne brusquement et l'édifice disparaît.

Le soleil tape aussi fort que la veille et la chaleur grimpe rapidement à bord du tap-tap. Assis devant Jack et Madame Soleil, les jumeaux multiplient les mimiques pour tenter de savoir si leur plan se déroule comme prévu. Mais les soldats gardent l'œil ouvert et il leur est impossible de communiquer sans risquer de tout faire échouer. En cachant sa main, Madame Soleil réussit tout de même à lever son pouce pour indiquer aux jumeaux que tout va bien. Car elle est maintenant convaincue que Le Serpent les conduit exactement là où elle espérait qu'il les conduise, c'est-à-dire à la prison où les parents des jumeaux sont détenus.

Le quartier qu'ils traversent déborde de gens. À la file indienne de chaque côté de la route, dans un déferlement de couleurs des plus diverses, ils vont et viennent devant les boutiques, vides pour la plupart. La mine renfrognée des adultes trahit leur douleur de vivre et contraste avec la bonne humeur des enfants qu'un rien amuse, un bout de bois, une canette vide ou un ballon défoncé.

La camionnette tourne entre deux maisons et s'engage dans une ruelle qui les mène à un mur de ciment percé d'une barrière de métal rouillé. Le véhicule s'arrête devant la barrière qui s'ouvre aussitôt que le garde reconnaît Le Serpent. Ce que ce dernier a appelé le « grand cachot » n'est en fait rien d'autre qu'un cube de ciment, sans fenêtre, percé d'une seule et unique porte de bois vieilli. Jonas trouve que cette prison cachée au centre de la ville – sans doute parce que c'est le dernier endroit où la police pourrait la chercher – ressemble aux maisons de blocs Lego qu'il avait l'habitude de construire quand il était plus petit.

On les force à descendre du tap-tap et à entrer à l'intérieur où un gardien les examine avec attention.

— *Des nouveaux invités !* lui annonce Le Serpent. *Comment vont les Blancs ?*

— *Bien, chef ! Ils refusent encore de manger, mais ils acceptent l'eau qu'on leur offre. Si c'était pas du bébé qui chiale tout le temps, tout serait parfait, chef.*

— *Le bébé, oui…*

Jade et Jonas comprennent alors que leurs parents sont ici avec Juliette, dans l'une des cellules de cette prison, et ils réussissent difficilement à cacher leur nervosité. Madame Soleil les regarde comme pour leur demander de garder leur calme.

— *C'est l'heure de vérité, Maman !* dit Le Serpent à Madame Soleil, avec un clin d'œil pour Jack. *Si ce que vous dites est vrai, j'imagine que les Blancs pourront reconnaître leurs enfants facilement.*

— *Facilement, je ne sais pas…* répond Madame Soleil. *Ceux qu'ils ont laissés à la maison étaient blancs, alors que ceux-ci…*

— *Blancs ou Noirs… les gosses trouveront bien le moyen de leur dire quelque chose pour les convaincre qu'ils sont leurs enfants, non ?* dit Le Serpent sur le ton de la provocation, convaincu que tout cela n'est qu'une mascarade. *Je te préviens, Maman ! Si les Blancs*

les reconnaissent pas, je te jure que je trouverai le moyen de faire avouer à ces enfants d'où ils viennent et ce sera pas beau à voir. Préfères-tu arrêter ça tout de suite et me dire enfin à qui je dois réclamer l'argent de votre rançon ?

— *Amène-nous plutôt devant les deux Blancs que tu as enlevés,* répond Madame Soleil sans fléchir.

Le Serpent semble s'amuser de ce petit jeu. Il sourit à ses hommes puis leur ordonne de conduire leurs nouveaux prisonniers dans la grande cellule. Ils s'engagent tous dans un étroit corridor à peine éclairé par quelques faibles ampoules qui pendouillent au bout de leur fil. En chemin, Madame Soleil demande discrètement aux jumeaux de lui laisser du temps avant de se jeter sur leurs parents.

La grande cellule – ils découvriront bientôt qu'elle ne fait en vérité que dix mètres carrés – se trouve derrière une porte de métal sans ouverture. Le gardien de la prison prend les devants et tire une longue clé de la poche de sa chemise avant de l'insérer dans la serrure.

La porte s'ouvre sur Jean et Julie, assis à même le sol sur une couverture de coton, les traits tirés par le manque de sommeil. Ils se redressent un peu, toujours inquiets quand apparaît le gardien. La petite Juliette dort dans les bras de Jean, le majeur et l'annulaire de sa main gauche dans la bouche. Julie se lève en apercevant, derrière le gardien, celui qui a menacé plusieurs fois de les tuer. Le Serpent s'approche d'elle puis regarde Jean avec dédain, comme pour dire que chez lui les hommes ne s'occupent pas des enfants. Jean se lève à son tour et embrasse le front de Juliette en guise de réponse au mépris du Serpent.

— Nous vous amenons de la compagnie, dit ce dernier en français avant de faire entrer ses nouveaux prisonniers.

Jean et Julie les examinent un à un. Ce sont tous des Haïtiens, deux femmes âgées, un drôle de moineau qui sent la transpiration et deux adolescents, un garçon et une fille. Ils se demandent ce que ces pauvres bougres ont bien pu faire pour se retrouver ici. Sans doute viennent-ils du quartier riche de la ville, proies faciles pour Le Serpent qui espère en tirer quelque chose.

Jeannette pose un regard attendri sur son fils et sa bru qu'elle trouve bien courageux dans l'épreuve qu'ils traversent. Puis son attention se porte sur Juliette, minuscule malgré ses dix mois, belle comme un ange avec son petit nez rond et ses yeux en amande. Des gargouillis s'échappent du ventre du bébé qui n'a pas mangé depuis deux jours.

Les jumeaux s'aperçoivent avec déception que leurs parents ne les reconnaissent pas. Madame Soleil les rassure d'un clin d'œil même si elle semble visiblement nerveuse. À la volée, Jack lui lance une suite de regards agités qui veulent dire « qu'est-ce qu'on fait maintenant ? » Rose doit trouver le moyen de faire sortir Le Serpent et ses hommes de la pièce, mais elle ne voit pas comment y arriver.

— *Il faudrait que vous nous laissiez seuls un moment,* finit-elle par dire au Serpent qui s'esclaffe aussitôt.

— *Tu veux rire ? Nous avons un pari à honorer, tu te souviens ?* Vous deux, enchaîne-t-il en se tournant vers Jean et Julie, connaissez-vous ces personnes ?

Ils se regardent et secouent la tête. Non, ils ne les connaissent pas.

Dans un coin, Jack se poste devant Madame Soleil pour lui servir de paravent. Elle sort son bout de cigare de la poche de sa robe et fouille de son autre main sa boule de cheveux frisés où elle a dissimulé son briquet.

— Même pas ces enfants ? continue Le Serpent, fier de constater qu'il est en train de gagner son pari et de prouver à ses hommes que toutes ces histoires d'esprits ne sont que des balivernes.

Jean et Julie regardent les jumeaux avec douceur parce qu'ils leur font penser à leurs propres enfants, et réaffirment qu'ils ne les ont jamais vus.

Même si elle aurait préféré que les choses se déroulent différemment, Madame Soleil se penche et porte son bout de cigare à sa bouche avant de l'allumer et de se mettre à danser, les bras en l'air, en appelant les esprits. Les soldats pointent aussitôt leur arme sur elle, mais ils n'y voient bientôt plus rien tellement la fumée envahit la cellule rapidement. Le Serpent hurle à ses hommes de quitter la pièce, mais la porte s'est verrouillée d'elle-même de l'extérieur. Un son de maracas accompagne la chanson que Madame Soleil chante de plus en plus fort.

Jade et Jonas se serrent l'un contre l'autre. Ils sursautent en entendant tout à coup le vacarme de casseroles qu'on frappe les unes contre les autres, comme si un orchestre de percussionnistes formait une ronde autour d'eux. Le Serpent continue de crier ses ordres, mais sa voix se perd à travers le tintamarre. Et quand la fumée commence à se dissiper, il s'aperçoit que plus rien n'est pareil autour de lui. Des masques ont été accrochés aux murs, qui ont changé de couleur, tandis qu'une série de statuettes se dandinent sur des étagères de bois. Le son des casseroles semble maintenant provenir d'une pièce adjacente. Ils sont tous là, les prisonniers, le gardien de la prison, ses deux soldats et lui, mais dans un autre lieu, dans une maison qu'il ne connaît pas… dans le salon de Madame Soleil.

— Bienvenue chez moi ! dit-elle, son bout de cigare au bec, en tournant sur elle-même.

— Chez toi ? interroge un des soldats, sa mitraillette toujours dans les mains, mais si effrayé qu'il ne saurait plus comment s'en servir.

Le Serpent, lui, a déjà tout compris et ordonne à son subalterne de se la fermer.

— *Tu vois pas qu'ils disaient la vérité ?* crache-t-il. *Cette femme parle avec les esprits.* Où sommes-nous ? demande-t-il à Madame Soleil.

— Au Québec, répond-elle en s'arrêtant de danser.

— Au Québec ? s'étonnent en chœur Jean et Julie.

Le gardien de la prison et les deux soldats échangent une série de regards inquiets.

— *Mais nous, on veut pas vivre au Québec,* dit le gardien au Serpent. *On connaît personne ici. Et puis il y a la police ici, la vraie, pas celle qu'on peut acheter. Et puis personne a peur du Serpent ici, parce que personne sait qui tu es. Et puis…*

— *Et puis, et puis, et puis… tu vas fermer ta gueule, dis ?* se fâche Le Serpent. *Je sais tout ça. Vous autres, baissez vos fusils. Baissez vos fusils !* répète-t-il avec colère.

Ses hommes lui obéissent. Il se frotte le menton puis avance vers la fenêtre dont il écarte le rideau. Ce qu'il voit dehors lui confirme qu'il n'est plus chez lui, dans son pays. Ici, les rues sont asphaltées. En face, une fontaine coule au centre d'un parc immense. Les voitures américaines et japonaises sont toutes de fabrication récente. Les maisons de briques, séparées les unes des autres et serties de balcons bien entretenus, semblent solides.

Il referme le rideau et s'approche de Madame Soleil.

— C'est bien, tu as gagné. Mais les armes de mes hommes fonctionnent ici aussi. Alors je te propose un marché : tu nous retournes en Haïti, et on n'en parle plus.

Madame Soleil soutient son regard froid un moment puis demande aux autres de se réfugier dans la cuisine. Jean et Julie, qui ne reconnaissent toujours pas Jeannette et les jumeaux, obéissent sans comprendre ce qui se passe. Jack invite les autres à le devancer puis referme la porte de la cuisine derrière lui.

— Je vous conseille de vous boucher les oreilles, dit-il juste avant que les casseroles ne se remettent à se frapper les unes contre les autres.

Chapitre 23

Je leur ai menti

Quand le son des casseroles s'arrête enfin, les jumeaux et les autres retirent leurs doigts de leurs oreilles. La petite Juliette, qui s'était mise à pleurer pendant le vacarme, retrouve un semblant de sourire. Elle prononce deux ou trois sons puis tète goulûment son majeur et son annulaire avant de fermer les yeux.

Au bout d'un moment, Jean se redresse. Toujours étourdi par ce qui vient de se produire, il se présente aux autres et leur tend la main. Jack, Jeannette et les jumeaux restent de glace, trop émus par le fait qu'il ne les replace pas.

— Bouchez-vous les oreilles, dit Jack en guise de réponse. Madame Soleil devrait revenir bientôt.

Il n'a pas terminé sa phrase que les casseroles se remettent effectivement à tinter autour d'eux jusqu'à ce que Madame Soleil apparaisse dans le cadre de la porte de la cuisine, son bout de cigare au centre d'un immense sourire de satisfaction.

— Voilà ! dit-elle en ouvrant les bras. C'est fait !

Jeannette s'approche d'elle et lui fait l'accolade.

— Merci, Rose, dit-elle. Jamais je n'aurais cru qu'on deviendrait amies un jour, mais aujourd'hui, je peux dire que toi et moi, c'est pour la vie.

Madame Soleil range son bout de cigare dans la poche de sa robe et essuie une larme au coin de son œil droit.

— Amies pour la vie, oui, dit-elle en faisant signe aux jumeaux de la rejoindre eux aussi.

Jade et Jonas viennent se coller à elle et embrassent ses joues rondes. En les tenant serrés contre elle, Madame Soleil s'adresse aux parents des jumeaux que Jack a rejoints.

— Vous savez que vous avez une famille merveilleuse ? dit-elle, émue.

Jean et Julie se regardent sans comprendre.

— Vos enfants ont été très courageux, poursuit Madame Soleil.

— Vous connaissez nos enfants ? dit Julie, étonnée.

Madame Soleil sourit et pousse les jumeaux vers leurs parents. Jade s'approche de son père, Jonas avance vers sa mère.

— C'est moi, papa, dit Jade à Jean qui fronce les sourcils devant cette jeune fille noire qu'il n'a jamais vue avant aujourd'hui.

— Jade ?

Jonas prend la main de sa mère dans la sienne et la caresse tendrement. Julie le dévisage un moment puis glisse le revers de sa main sur la peau brune de son visage.

— Jonas ? dit-elle.

Il confirme d'un signe de tête.

— C'est moi, maman.

Julie hésite encore un moment puis le serre contre elle.

— Qu'est-ce qui se passe ? souffle-t-elle en lui embrassant le front.

Jeannette s'approche à son tour. Jean lève les yeux sur elle et la dévisage avec curiosité. Cette femme noire porte des vêtements aussi étranges que ceux de sa mère...

— Tu m'as demandé de prendre soin d'eux, dit Jeannette, c'est ce que j'ai fait.

Jack soutient Jean qui risque de perdre connaissance avec la petite dans les bras tellement il est secoué d'entendre sa mère lui parler à travers le corps de cette inconnue.

— Madame Soleil nous a transformés pour qu'on puisse passer inaperçus en Haïti, lui explique Jack.

— Lui, c'est Jack Poissant, dit Jade à son père. Tu te souviens de lui, non ? C'est avec lui qu'on est revenus d'Orientie l'an dernier.

Jean examine Jack de la tête aux pieds.

— Mais il n'était pas... noir, dit-il, encore sous le choc.

— Je comprends que tout cela soit difficile à croire, dit Jeannette, mais il ne faut pas t'en faire, car Madame Soleil va nous rendre notre apparence normale et tout va redevenir comme avant, n'est-ce pas Rose ?

Madame Soleil lui sourit, hésite un moment, puis lui lance un « évidemment ! » bien senti. Elle les invite à passer au salon puis les prie de l'excuser un moment. Jean et Julie n'arrivent pas à croire que ces enfants sont les leurs. Ils aimeraient dire quelque chose, les prendre dans leurs bras, mais comme ils ne les reconnaissent pas, ils se sentent bloqués. Debout au centre du salon, ils sourient nerveusement, pressés d'en finir avec tout ça.

Madame Soleil tarde à revenir de la cuisine. Au bout d'un moment, Jack décide d'aller voir ce qui se passe et il la trouve assise dans un coin à même le plancher, la tête entre les mains. Des sanglots lui secouent les épaules. Jack se penche sur elle pour comprendre ce qui ne va pas.

— Je leur ai menti, dit Madame Soleil entre deux reniflements. Je voulais qu'ils retrouvent leurs parents. C'était ça le plus important, non ?

— Bien sûr, répond Jack. Et ils les ont retrouvés, alors où est le problème ?

Elle essuie ses larmes et le regarde avec dans les yeux tout le désespoir du monde.

— Le problème, Jack, c'est que je sais comment transformer une personne blanche en personne noire, mais…

— Mais… ? insiste Jack qui commence à comprendre.

— Mais je ne sais pas comment inverser le sort, finit-elle par avouer avant de se remettre à pleurer.

— Quoi ? s'énerve Jack aussitôt. C'est pourtant simple, il s'agit de faire le contraire de ce que vous avez fait la première fois.

— Ça ne fonctionne pas comme ça, Jack.

Ce dernier la dévisage avec un brin de colère.

— Mais il aurait fallu nous prévenir avant alors !

— Ah oui ? Et qu'est-ce que ça aurait changé que je vous prévienne avant ? Dans votre peau de Blancs, vous n'auriez pas marché cent mètres en Haïti sans vous faire enlever, avec le risque qu'on vous massacre avant même que vous ayez eu le temps de dire votre nom. Le mois dernier, des voyous ont kidnappé un prêtre qui dirige un orphelinat dans la capitale et ils lui ont coupé un bras pour mettre de la pression sur ceux qui devaient payer sa rançon. Toi, Jack, tu te vois avec un bras en moins ? Et les jumeaux, tu aurais voulu que ça leur arrive ?

Jack n'a rien à répondre à cet argument. Sans doute a-t-elle agi correctement avec eux. Sans cette transformation, ils ne se seraient jamais rendus jusqu'aux parents des jumeaux. Déjà l'idée qu'il doive passer le reste de sa vie dans sa nouvelle peau fait son chemin dans son esprit. Ce serait une manière pour lui de renouer avec ses racines et d'honorer la mémoire de son grand-père. Une sorte de pied de nez à tous les racistes de la Terre. Mais il aurait préféré retrouver son apparence première, celle sous laquelle tous ses amis le connaissent. Il reste songeur un moment puis ses pensées vont à Jade et à Jonas. Pauvres petits…

— Vous avez songé à ce que cela veut dire pour les jumeaux ? demande-t-il à Madame Soleil.

— Qu'est-ce que tu crois, Jack ? Je ne songe qu'à ça depuis la minute où je les ai remodelés.

— Avec leurs parents, ça ira. Ils vont s'y faire. Mais leurs amis ne les reconnaîtront plus... Pour moi et pour Jeannette, c'est différent. Une partie de notre vie est derrière nous. Mais pour les jumeaux, c'est une catastrophe ! finit-il par lancer, complètement découragé.

Après un moment, il se ressaisit puis prend les mains de Madame Soleil dans les siennes. Il lui propose de tout de même tenter le coup.

— Ça ne fonctionnera pas, dit Madame Soleil.

— Pas tout de suite, peut-être, mais vous aurez essayé. Et s'il ne se passe rien, vous vous attellerez à la tâche jusqu'à ce que vous trouviez la bonne formule.

Il faut que Jack la bouscule pour que Madame Soleil se redresse et se lève lourdement.

— D'accord, Jack. Je vais tenter le coup, comme tu dis. Mais sans cachotterie. Je vais leur dire la vérité, toute la vérité et rien que la vérité, conclut-elle avant de retourner au salon et de se planter devant les Jolicœur.

Elle leur demande de s'asseoir et leur dresse un compte rendu de la discussion qu'elle vient d'avoir avec Jack. Elle leur parle de ses rapports avec les loas et de sa maîtrise de la magie.

— C'est comme l'école, hein ? On n'a jamais fini d'apprendre. Alors je vais essayer de vous rendre votre apparence naturelle, mais je ne suis pas certaine de pouvoir y arriver du premier coup.

Inquiets, les jumeaux dévisagent leurs parents pendant que Madame Soleil sort son bout de cigare. Elle rassemble Jack, les jumeaux et leur grand-mère au centre de la pièce puis demande aux parents de retourner dans la cuisine avec la petite Juliette. Elle allume finalement son bout de cigare puis se met à danser autour des jumeaux. Elle invoque les esprits, leur raconte leur aventure en Haïti, les prie de protéger Dominique qui a été bon avec eux, leur demande de ramener la paix dans son pays, de faire taire les armes, de renvoyer les enfants dans les écoles, de redonner l'espoir à son peuple pour qu'il cesse de s'entretuer.

Le salon est maintenant rempli de fumée. Enserrés par leur grand-mère, Jade et Jonas ne se sont pas lâché la main. Madame Soleil a changé de langue et ils ne comprennent plus ce qu'elle raconte. Ils ne sont même plus certains qu'elle raconte quelque chose. On dirait plutôt qu'elle se lamente et pleure sans retenue.

À côté des jumeaux, Jack comprend ce qui se passe et les lamentations de Madame Soleil lui tirent une larme. Car il l'entend s'acharner et répéter des formules qui ne mènent à rien. Elle n'y arrive pas, mais elle n'accepte pas la défaite et multiplie les tentatives jusqu'à ce que son bout de cigare s'éteigne avant de lui brûler les lèvres. Et malgré cela, elle continue de danser et d'implorer les esprits. La fumée commence à se dissiper et ils la voient maintenant tourner autour d'eux, à bout de souffle et tout en sueur. Jade et Jonas se regardent et se rendent compte qu'ils n'ont pas changé. Jack et Jeannette sont demeurés noirs eux aussi. Madame Soleil appelle les loas de toutes ses forces jusqu'à ce que Jack l'oblige à s'arrêter. Il la dirige vers un fauteuil et l'aide à s'asseoir.

— Je suis désolée… répète-t-elle plusieurs fois. Franchement désolée…

Les jumeaux se demandent comment ils vont annoncer à leurs parents qu'ils ont maintenant trois enfants de couleur.

Chapitre 24

Un merle et sa compagne

Dans le rêve de Jonas, Madame Soleil mangeait des cigares comme si c'étaient des friandises. Assise au centre de son salon, elle les avalait les uns après les autres et répétait sans arrêt « je vais y arriver ». Un filet de jus de tabac brun foncé coulait sur son menton puis dégouttait sur sa robe jaune. Derrière elle, Jack jouait de la trompette comme son grand-père autrefois, les yeux fermés, les joues gonflées d'air et les lèvres pincées sur l'embouchure de l'instrument.

Quand il s'est réveillé, Jonas a d'abord cru qu'il était revenu dans la chambre de Jade. Mais ce n'était qu'une illusion créée par le jet de lumière qui perçait la fenêtre du sous-sol. Assis dans son lit, il se frotte les yeux avec ses index repliés puis se regarde les mains, roses à l'intérieur et d'un beau brun chocolat au lait sur le dessus. Il tend l'oreille, à l'affût d'un bruit qui lui dirait que les autres sont réveillés. Mais il n'entend que le chant d'un merle qui, dehors, se cherche une compagne. Il saute du lit, troque son pyjama pour son pantalon de sport et monte à l'étage.

Tout le monde dort encore. Il traverse la cuisine puis entrouvre la porte de la chambre de sa jumelle. Étendue à plat ventre sur son lit, Jade tourne lentement les pages des *Phénoménales aventures de l'Incroyable Jack Poissant*.

— Je peux entrer ? demande Jonas à voix basse.

Jade referme le livre, échappe un soupir et lui fait signe de la rejoindre. C'est qu'elle n'a rien trouvé dans la bande dessinée qui puisse la rassurer. Leur histoire est bien là, racontée dans tous ses détails, mais elle se termine chez Madame Soleil qui pleure de ne pas avoir pu leur rendre leur apparence normale.

— Tu te rappelles ce qui s'est passé après ça, toi ? demande-t-elle à son frère.

— Non. Je sais pas comment on est rentrés à la maison, et j'ai gardé aucun souvenir du départ de Jack et de grand-maman... Tout ce que je sais, c'est qu'on est encore noirs, toi et moi.

Jade sourit tristement.

— Ça te dérange, toi ?

— Quoi ?

— D'avoir changé de couleur de peau ?

Jonas réfléchit un moment.

— Un peu, finit-il par répondre. Je sais que c'est pas si important que ça, au fond. Que ce qui compte, c'est ce qu'on est, et ceux qu'on aime, mais...

Il n'a pas besoin de poursuivre pour que sa sœur comprenne ses inquiétudes. Elle aussi s'avoue ambivalente. Elle ne se déteste pas non plus dans sa nouvelle enveloppe corporelle. Ce qui l'inquiète, par contre, c'est comment ils vont réussir à expliquer cela à leurs amis. Elle ne voit pas comment les autres pourront comprendre que ces nouveaux enfants noirs du quartier sont en fait leurs vieux amis Jade et Jonas.

— Tu viens déjeuner ? propose Jonas.

Jade le suit jusqu'à la cuisine où l'on a déposé deux enveloppes devant les places qu'ils occupent habituellement. Celle de Jonas est d'un orangé très chaud. On y a écrit son nom à la main. L'enveloppe de Jade, plus petite et d'un bleu ciel apaisant, arbore une hutte de paille haïtienne dans le coin supérieur gauche.

Ils se regardent un moment, leurs lettres entre les mains.

— Vas-y d'abord, dit Jonas.

— Non, à toi de commencer.

Jonas ouvre l'enveloppe et en tire une feuille de papier ligné où s'alignent des mots écrits à la main. Il regarde d'abord la signature.

— C'est de Jack ! annonce-t-il.

— Vas-y, lis-la.

Jonas marmonne quelques mots puis reprend du début.

Chers amis,

Je voudrais d'abord vous remercier. Vous m'avez fait vivre une aventure mémorable en Haïti, un pays que je ne connaissais pas et que j'ai adoré malgré sa misère, sa violence et sa désorganisation générale. J'ai beaucoup appris sur moi-même. J'ai entre autres découvert que je ne suis pas infaillible et que j'ai moi aussi parfois besoin de gens qui m'aiment pour me remettre sur pied.

Que nous le voulions ou non – eh oui ! je suis demeuré noir moi aussi –, nous sommes maintenant liés au pays de votre petite sœur, et tout ce qui lui arrivera nous concernera, nous aussi. Sans doute aurez-vous l'occasion d'y retourner un jour, et je souhaite que ce soit dans des circonstances plus agréables. Je souhaite aussi que, ce jour-là, vous m'invitiez à vous accompagner.

J'espère que vous êtes conscients que Madame Soleil a sauvé la vie de vos parents. Avant eux, aucun otage n'était sorti vivant des cachots du Serpent. Pour cela, elle mérite votre respect et votre amitié. Un jour, j'en suis sûr, elle saura vous redonner votre apparence naturelle. Qui sait, peut-être choisirez-vous de ne pas revenir en arrière. En tout cas, il ne faut pas lui en vouloir.

À partir d'aujourd'hui, votre vie va changer. Il y aura des bons jours et des mauvais jours. Mais sachez que je serai toujours là, dans mon grand livre, pour vous aider à traverser les moments les plus difficiles. Et entre-temps, votre grand-mère tiendra le fort, elle aussi. C'est une femme courageuse, vous savez, et vous êtes chanceux de l'avoir.

Je vous salue bien bas, mes amis, car je pars en voyage. C'est que La Grande Lucette vient de m'inviter à lui rendre visite dans le château de son prince charmant. J'ai hâte de voir l'expression de son visage quand elle va me découvrir dans ma nouvelle peau !

Salut !

A+

Jack

Jonas replie la lettre sans avouer à sa sœur qu'il va s'ennuyer de ce grand nigaud de Jack Poissant. Il regrette de lui avoir parlé un peu brusquement quand ils étaient en Haïti et espère pouvoir s'excuser convenablement quand il le reverra.

Jade respire profondément puis ouvre son enveloppe à son tour. La lettre qu'elle en extirpe, pliée en quatre parties égales, sent la lavande ou quelque chose du genre. Déjà la première ligne lui tire un sourire de curiosité. Elle s'assoit et commence à lire à voix haute.

Port-au-Prince, Haïti

Mes très chers amis,

C'est moi, Dominique Jean, qui vous écris sur la table de ma maison de Port-au-Prince.

Je sais que vous m'en avez beaucoup voulu. J'imagine que Madame Soleil vous a expliqué que je devais agir comme je l'ai fait pour que vous puissiez rejoindre vos parents et votre petite sœur. Si vous saviez toute la tristesse qui a envahi mon cœur lorsque je vous ai quittés en vous donnant l'impression que je vous avais trahis. J'aurais tant voulu vous serrer dans mes bras – surtout toi, Jade – et vous dire que mon pays n'est pas que cette terre de violence et d'impunité que vous avez connue. Mon pays vaut beaucoup plus que ça et il redeviendra un havre de paix quand nous aurons compris, nous Haïtiens, que rien ne pourra s'arranger sans nous. Nous ne sommes peut-être pas responsables à cent pour cent de notre malheur, mais nous sommes les seuls à pouvoir bâtir notre bonheur futur.

Un jour, nous y arriverons, et je vous inviterai à venir danser avec nous. D'ici là, je continuerai à me battre pour que mon peuple retrouve sa dignité, pour qu'il sorte de l'ignorance et se libère de la corruption. La route sera longue, je le sais, mais je garde espoir. Car je continue de croire que sous les mauvaises herbes qui recouvrent mon pays se trouve une terre riche et fertile où nous pourrons faire pousser une nouvelle nation, libre, juste, et où tout le monde mangera à sa faim.

De chez vous, vous ne devez pas croire que vous êtes impuissants, mes amis. Car vous avez la liberté de parole. Alors parlez ! Dites aux autres ce que vous avez vu ici et combien cela est inacceptable. Car mon pays ne peut pas se priver de ses amis. Ils ne sont pas assez nombreux pour ça.

Je vous salue et je vous assure que nous nous reverrons, demain ou dans dix ans, et que nous célébrerons alors la renaissance de ma patrie.

Votre ami Dominique Jean

Jade essuie une larme sur sa joue puis range la lettre dans l'enveloppe bleu ciel. Jonas pleure, lui aussi, mais comme il ne veut pas le montrer, il se retourne vers la fenêtre jusqu'à ce que ses yeux s'assèchent.

Les jumeaux demeurent immobiles dans la cuisine, comme apeurés par ce qui les attend maintenant. Le babillage de leur petite sœur les attire dans sa chambre. Couchée sur le dos dans son petit lit à barreaux, elle secoue les jambes et les bras pour signifier qu'elle aimerait bien sortir de là. Jade se penche sur elle, la soulève et l'embrasse dans le cou, tandis que Jonas caresse ses cheveux fins et frisottés. Juliette enchaîne alors une série de gazouillis avant de tendre les bras vers son frère, qui ne peut s'empêcher de la serrer contre lui. La petite sourit puis sort la langue.

— Je crois qu'elle a faim, suppose Jade en lui chatouillant le ventre.

Ils se dirigent tous les trois vers la chambre de leurs parents, qu'ils trouvent endormis dans leur lit. Jade et Jonas se sourient puis se faufilent sous les couvertures avec leur sœur. Jean et Julie grognent et s'étirent avant de les attirer dans leurs bras encore chauds, et tout le monde se rendort avec, au loin, le chant du merle qui se cherche une compagne.

Fin

Remerciements

L'auteur tient à remercier Michelle d'Haïti pour sa lecture généreuse et attentive de ce roman. Il remercie aussi Anne-Marie Villeneuve et Marie-Josée Lacharité, sans qui ce roman ne serait pas ce qu'il est.

Jean Dominique

L'auteur voudrait ici saluer la mémoire de Jean Dominique. Agronome, animateur puis propriétaire de Radio Haïti, il est parvenu à échapper à la censure du pouvoir pour offrir au peuple haïtien une information libre, diffusée en créole. Son combat, qu'il livrera avec sa femme Michèle Montas, aidera le pays à se révolter contre la dictature de François « Papa Doc » Duvalier et de son fils Jean-Claude (Baby Doc).

Néanmoins, il devra s'exiler à plusieurs reprises au Nicaragua et aux États-Unis pour sauver sa vie. Quand il rentrera dans son pays, en 1986, soixante mille personnes l'accueilleront en héros à l'aéroport.

Dans les dernières années de sa vie, il se préoccupera surtout de dénoncer la corruption et les abus de pouvoir en Haïti. Il sera assassiné devant les locaux de sa radio en avril 2000.

Ses meurtriers courent toujours.

Fiches d'exploitation pédagogique

Vous pouvez vous les procurer sur notre site Internet à la section jeunesse / matériel pédagogique.

www.quebec-amerique.com

Achevé d'imprimer au Canada
en mars 2007
sur les presses de l'imprimerie Lebonfon
Val-d'Or (Québec)